"新思想在浙江的萌发与实践"系列教材

编　委　会

主　编：任少波

编　委：（按姓氏笔画排序）

王永昌　　包　刚　　包迪鸿　　刘同舫

李小东　　应　飚　　张　彦　　张光新

张荣祥　　郑　胜　　胡　坚　　郭文刚

童晓明　　楼锡锦　　薄　拯

"新思想在浙江的萌发与实践"系列教材

主编　任少波

发展观决定发展道路

Theory
Steers
Development

张　彦　编著

ZHEJIANG UNIVERSITY PRESS
浙江大学出版社

序

　　浙江是中国革命红船的起航地、改革开放的先行地、习近平新时代中国特色社会主义思想的重要萌发地。习近平同志在浙江工作期间,作出了"八八战略"重大决策部署,先后提出了"绿水青山就是金山银山""腾笼换鸟、凤凰涅槃"等科学论断,作出了平安浙江、法治浙江、文化大省、生态省建设及加强党的执政能力建设等重要部署,推动浙江经济社会发展取得了前所未有的巨大成就。2020年3月29日至4月1日,习近平总书记到浙江考察,提出浙江要坚持新发展理念,坚持以"八八战略"为统领,干在实处、走在前列、勇立潮头,努力成为新时代全面展示中国特色社会主义制度优越性的重要窗口。习近平新时代中国特色社会主义思想在浙江的萌发与实践开出了鲜艳的理论之花,结出了丰硕的实践之果,是一部中国特色社会主义理论的鲜活教科书。

　　走进新时代,高校在宣传阐释党的创新理论、培养能担当民族复兴大任的时代新人方面责无旁贷。浙江大学是一所在海内外有较大影响力的综合型、研究型、创新型大学,同时也是中组部、教育部确定的首批全国干部教育培训基地。习近平同志曾18次莅临浙江大学指导,对学校改革发展作出了一系列重要指示。我们编写本系列教材,就是要充分发挥浙江"三个地"的政治优势,将新思想在浙江的萌发与实践作为开展干部培训的重要内容,作为介绍浙江发展的案例样本,作为办学的重要特色,举全校之力高质量教育培训干部,高水平服务党和国家事业发展。同时,本系列教材也将作为高校思想政治理论课的重要教材,引导师生通过了解浙江改革发展历程,深切感悟新思想的理论穿透力和强大生命力,深入感知国情、省情和民情,让思想政治课更加鲜活,让新思想更加入脑入心,打造具有浙江大学特色的高水平干部培训和思政教育品牌。

实践是理论之源,理论是行动的先导。作为改革开放的先行地,浙江坚持"八八战略",一张蓝图绘到底,立足实际,全面客观分析省情、国情,通过扬长避短、取长补短走出了符合浙江实际的发展道路;作为乡村振兴探索的先行省份,浙江从"千村示范、万村整治"起步,逐步破除城乡二元结构,有效整合工业化、城市化、农业农村现代化,统筹城乡发展,率先在全国走出一条以城带乡、以工促农、城乡一体化发展的道路;作为"两山"理念的发源地和率先实践地,浙江省将生态建设摆到重要位置统筹谋划,不断强化环境治理和生态省建设,打造"美丽浙江",为"绿色浙江"的建设迈向更高水平、更高境界指明了前进方向和战略路径;作为经济转型发展的先进省份,浙江坚持以改革创新为第一动力、以发展为第一要务,在"腾笼换鸟"中"凤凰涅槃",不仅"立足浙江发展浙江",而且"跳出浙江发展浙江",由资源小省发展成为经济大省、经济强省。

在浙江工作期间,习近平同志怀着强烈的使命担当提出加强党的建设"巩固八个方面的基础,增强八个方面的本领"的总体战略部署,从干部队伍和人才队伍建设、基层组织和党员队伍建设、党的作风建设与反腐败斗争等方面坚持和完善党的领导,有力推进了浙江党的建设走在前列、发展走在前列。在浙江工作期间,习近平同志以高度的文化自觉,坚定文化自信、致力文化自强,科学提炼了"求真务实、诚信和谐、开放图强"的"浙江精神",对浙江文化建设作出了总体部署,为浙江文化改革发展指明了前进方向。在浙江工作期间,习近平同志积极推进平安浙江、法治浙江、文化大省建设。作为"平安中国"先行先试的省域样本,浙江被公认为全国最安全、社会公平指数最高的省份之一。在浙江工作期间,习近平同志着力于发展理念与发展实践的有机统一,着力于发展观对发展道路的方向引领,着力于浙江在区域发展中的主旨探索、主体依靠、关系处理及实践经验的总体把握,深刻思考了浙江发展的现实挑战、面临困境、发展目标、依靠动力和基本保障等一系列问题,在省域层面对新发展理念进行了思考与探索。

从"两山"理念到"美丽中国",从"千万工程"到"乡村振兴",从"法治浙江"到"法治中国",从"平安浙江"到"平安中国",从"文化大省"到"文化强国"……可以清晰地看到,习近平同志在浙江的重大战略布局、改革发展举措及创新实践经验,体现了新思想萌发与实践的重要历程。

浙江的探索与实践是对新思想鲜活、生动、具体的诠释,对党政干部培训和高校思想政治理论课教学而言,就是要不断推动新思想进学术、进学科、进课程、进培训、进读本,使新思想落地生根、入脑入心。本系列教材由浙江省有关领导干部、专家及浙江大学知名学者执笔,内容涵盖"八八战略"、新发展理念、"两山"理念、乡村振兴、"千万工程"、"腾笼换鸟"、党的建设、"枫桥经验"、平安浙江、民营经济、精神引领、文化建设等重要专题。浙江省以习近平新时代中国特色社会主义思想为指引,全面贯彻党中央各项决策部署,统筹推进"五位一体"总体布局、协调推进"四个全面"战略布局,坚持稳中求进工作总基调,坚持新发展理念,坚持以"八八战略"为统领,一张蓝图绘到底,干在实处、走在前列、勇立潮头,努力把浙江建设成为新时代全面展示中国特色社会主义制度优越性的重要窗口,为社会各界深入了解浙江改革开放和社会主义现代化建设的成功经验提供有益的参考。

本系列教材主要有以下特色:一是思想性。教材以习近平新时代中国特色社会主义思想为指导,通过新思想在浙江的萌发与实践展现党的创新理论的鲜活力量。二是历史性。教材编写涉及的主要时期为 2002 年到 2007 年,并作适当延伸或回顾,集中反映党的十八大以来浙江坚持一张蓝图绘到底,在新思想指导下的新实践与取得的新成就。三是现实性。教材充分展现新思想萌发与实践过程中的历史发展、典型案例、现实场景,突出实践指导意义。四是实训性。教材主要面向干部和大学生,强调理论学习与能力提升相结合,使用较多案例及分析,注重示范推广性,配以思考题和拓展阅读,加强训练引导。

"何处潮偏盛?钱塘无与俦。"奔涌向前的时代巨澜正赋予浙江新的期望与使命。起航地、先行地、重要萌发地相互交汇在这片神奇的土地上,浙江为新时代新思想的萌发、形成和发展提供了丰富的实践土壤。全景式、立体式展示浙江的探索实践,科学全面总结浙江的经验,对于学深、悟透党的创新理论,用习近平新时代中国特色社会主义思想武装全党、教育人民具有重大意义。让我们不负梦想不负时代,坚定不移地推进"八八战略"再深化、改革开放再出发,为建设社会主义现代化强国、实现中华民族伟大复兴的中国梦作出更大贡献。

感谢专家王永昌教授、胡坚教授、张彦教授对本系列教材的指导和统稿,感谢浙江大学党委宣传部、浙江大学继续教育学院(全国干部教育培训浙江大学基地)、浙江大学中国特色社会主义研究中心、浙江大学马克思主义学院、浙江大学出版社对本系列教材的大力支持,感谢各位作者的辛勤付出。由于时间比较仓促,书中难免有不尽完善之处,敬请读者批评指正。

是为序。

"新思想在浙江的萌发与实践"

系列教材编委会

二○二○年五月

前　言

　　2004 年 12 月,时任浙江省委书记的习近平同志在《浙江日报》的《之江新语》专栏发表了一篇深刻影响浙江发展道路的政治短评——《发展观决定发展道路》。这篇不足 500 字的短评深刻彰显了习近平同志在浙江工作期间对于发展问题的思考和总结,为创新、协调、绿色、开放、共享新发展理念提供了坚实基础,亦是习近平新时代中国特色社会主义思想在浙江萌发和探索的重要体现。

　　发展观决定发展道路,发展理念引领发展模式。在《发展观决定发展道路》一文中,开篇就深刻地指明——必须按照科学发展观的要求选择发展道路,"实施'山海协作工程',首先要站在统筹区域发展的高度,解决欠发达地区发展道路的选择问题"。一方面,"传统工业化道路"造成资源要素愈发制约地区发展的现实境况"倒逼"发展观念的迭代更新;另一方面,以资源消耗为主要特征的经济发展方式必然指向"科技先导型、资源节约型、生态保护型的经济发展之路"。从《发展观决定发展道路》中不难看出习近平同志对发展理念重要性的深刻认识;同时,正是在正确发展理念的指导下,浙江省展开了对发展目标、发展动力、发展布局、发展保障等问题的系统思考与实践探索,走上了跨越式发展的道路。

　　本教材以理论与现实、历史与逻辑、比较与案例相结合的方式来进行阐述,包含以下三方面内容:第一,发展理念的时代背景、转化过程、重要作用和基本内容;第二,新发展理念在浙江的萌发和探索,习近平同志在浙江工作期间对于发展理念的主旨把握、主体依靠、关系处理及实践探索;第三,新发展理念从省域治理到国家治理的演进逻辑,以及浙江省"一张蓝图绘到底"落实新发展理念的实践、经验和启示。

本教材将系统呈现和总结新发展理念在浙江的萌发与探索,展现习近平新时代中国特色社会主义思想在浙江的贯彻和践行,有助于读者了解新时代中国发展理念转变的时代基础、现实基础和价值基础,有助于读者加深对浙江省"八八战略"再深化的理解,有助于读者深入把握新发展理念对经济社会发展各项工作的指导意义,真正做到崇尚创新、注重协调、倡导绿色、厚植开放、推进共享。

目 录

发展理念是战略性、纲领性、引领性的东西,是发展思路、发展方向、发展着力点的集中体现。发展理念搞对了,目标任务就好定了,政策举措跟着也就好定了。

——摘自习近平在党的十八届五中全会第二次全体会议上的讲话①

第一章　新发展理念的渊源、变迁与逻辑②

◆◆ 本章要点

1. 新发展理念与以经济建设为中心、发展才是硬道理、可持续发展观、科学发展观等既一脉相承又与时俱进,其既是对中国建设与改革经验的深刻总结,又是对国际社会实践经验与发展理论的合理借鉴,为当前乃至未来我国发展提供了理论指向。

2. 新发展理念的提出,是对新时代、新矛盾、新形势所作出的有效应对,其目标是要在"发展好的"与"好的发展"之间取得良性平衡,体现追求高质量发展的时代特征。

3. 新发展理念是问题导向与特点鲜明的统分结合系统,同时也是实践互涉与目标一致的整体闭环系统,其五个部分既各有侧重又相互融通,是具有内在联系的集合体。贯彻新发展理念,必须要将理论与实践的各个环节紧密结合,将科学的理念转化为扎实

---

① 习近平.习近平谈治国理政:第二卷[M].北京:外文出版社,2017:197.
② 张彦,王长和.论改革开放以来中国发展理念价值排序的演进依据[J].浙江社会科学,2018(7):4-10;张彦,顾青青.共享发展:当代发展伦理的中国表达[J].思想理论教育,2016(7):35-41;张彦.新发展理念的三重基础[J].红旗文稿,2019(12):28-30.

的高质量发展实践,将其内化成实现高质量发展的价值导向、思路举措和工作方式。

"发展理念,是人们长期形成的关于发展的理性观念,是人们在发展实践中形成的某种趋向性自我意识,它与人们致力于发展的行为模式相契合,支配着人类改造自然和改造社会的行为,是发展实践的精神导向。"①自改革开放以来,中国社会发展理念历经多次演进更迭,体现了一脉相承又与时俱进的逻辑进路,为不同历史阶段的发展实践提供了方向鲜明的理论与实践指引。社会发展的每一个阶段,都会有多种发展理念并存,但是,在众多发展理念中总会有一种或几种占据支配地位的"核心发展理念"作为引领社会发展的主题,为发展实践提供最为基础的价值支撑。"核心发展理念"的提出,就是要在多种发展理念共存的前提下,依据社会发展的实际需要,科学判断与合理定位何种发展理念居于相对优先的地位,从而起到引领社会发展实践的作用。社会发展理念的提出,不仅能够为发展实践提供方向指引,同时,其所确定的"核心发展理念"还能起到"充任社会整合的精神纽带,承当社会发展深层的合法性根据,并以此凝聚社会资源,规范社会行为,形成社会共识,从而保证整个社会维持一个理性的发展方向并生成一种健康的精神气质"②的重要作用。此外,还能够有效避免多种发展理念相互分裂、相互冲突的局面,规避发展实践因缺乏明确价值导向而陷入

---

① 郭凤海,王春雨.唯物史观视野下的新发展理念及其当代价值[M]//中国辩证唯物主义研究会.马克思主义哲学论丛(2016年第4辑,总第21辑).北京:社会科学文献出版社,2017:38.

② 贺来."价值清理"与"价值排序":发展哲学研究的中心课题[J].求是学刊,2000(5):16.

多重内耗的风险。

　　习近平总书记在《中共中央关于制定国民经济和社会发展第十三个五年规划的建议》中提出创新、协调、绿色、开放、共享五大发展理念，强调在新时代确立新发展理念的重要作用。新发展理念是在深刻总结国内外发展经验教训和分析国内外发展大势的基础上形成的，集中反映了党对经济社会发展规律认识的深化，是对我国当前发展中的突出矛盾和问题做出的理论回应。

第　节　发展理念的历史演进

　　"理念是行动的先导，一定的发展实践都是由一定的发展理念来引领的。发展理念是否对头，从根本上决定着发展成效乃至成败。实践告诉我们，发展是一个不断变化的进程，发展环境不会一成不变，发展条件不会一成不变，发展理念自然也不会一成不变。"[①]在社会发展实践中，不同发展时期会有与此阶段相适应的发展理念及其所认定的价值排序原则，比如经济优先的原则、尊重主体的原则、人与自然和谐共生的原则、公平正义的原则等。发展理念价值排序的原则不是一成不变的，而是会根据社会条件与发展需求的变化而变化的。每一个发展阶段，一般都会有多种发展理念并存。"一个新理念的确立，总是同旧理念的破除相伴随的，正所谓不破不立。贯彻落实新发展理念，涉及一系列思维方式、行为方式、工作方式的变革，涉及一系列工作关系、社会关系、利益关系的调整，不改革就只能是坐而论道，最终到不了彼岸。"[②]特别是在

---

①　习近平.习近平谈治国理政：第二卷[M].北京：外文出版社，2017：197.
②　习近平.习近平谈治国理政：第二卷[M].北京：外文出版社，2017：221-222.

社会转型的特殊时期,新旧发展理念相互交织、竞相并存,都在彰显着各自的价值意义、价值原则与价值取向,很多时候会彼此冲突、相互碰撞,这时就必须要对当下社会的矛盾属性、历史方位、发展阶段、发展任务与发展目标等多重条件进行科学清晰的判断,根据不同的价值原则对各发展理念进行选择和排序,确定最符合、最适应当下社会发展的发展理念,明确其在发展总体系中的优先地位,统领社会发展全局。

历经 40 余年的改革开放实践,中国面临的国内国际形势与环境均发生了巨大变化。当前,世界处于百年未有之大变局,机遇与挑战并存,我们做好当前和今后一个时期对外工作具备很多国际有利条件,中国正处于近代以来最好的发展时期。一方面,我们所处的历史方位和社会现实发生了重大改变,这集中表现为社会主要矛盾的本质、属性和特征发生了历史性的转变。另一方面,经济全球化将世界各国紧密联系在一起,国际经济合作和竞争局面正发生着深刻变化,全球经济治理体系和规则正面临着重大调整。中国的发展既要立足当下国情,从本国的实际状况出发,同时又必须要放眼世界,给予国际环境与发展大势以合理关注。按照唯物史观社会存在决定社会意识的观点,发展理念作为一种意识观念,必然要随着社会存在的诸多变迁而发生价值转向,为新的发展实践提供更加科学的引领。改革开放 40 余年来,中国社会发展理念先后经历了以经济建设为中心、发展才是硬道理、可持续发展观、科学发展观到新发展理念一脉相承又与时俱进的演进历程,这一演进既是对中国建设与改革经验的深刻总结,又是对国际社会实践经验与发展理论的合理借鉴与吸收,为不同阶段的发展实践奠定了坚实的理念基础。

一、当代世界主流发展理念的演进

首先,就社会发展的重心而言,自第二次世界大战后(以下简称二战)至今,国外主流发展理论大体经历了由注重经济发展到重视人的自由全面发展,由注重经济增长到注重人与自然、人与社会协调全面发展的过程,总体上可视为由"贵物轻人"到"以人为本",由追求片面发展到追求全面、协调与系统发展的过程。从二战后初期到 20 世纪 60 年代末,这一时期国外主流发展理论主要围绕"经济增长"而展开,将 GDP(Gross Domestic Product,国内生产总值)的增长视为衡量经济发展的核心标准,以工业化作为促进社会发展的根本动力。从 20 世纪 60 年代末到 70 年代末,以社会结构转型为背景,形成了"社会综合"发展理论。这期间,美国学者德内拉·梅多斯、乔根·兰德斯等人提出了"增长极限论",对传统发展理论进行了有力批判,更加注重社会发展的系统性和综合性。从 20 世纪 80 年代初到 80 年代末,这一时期的发展理论主要以法国经济学家弗朗索瓦·佩鲁等人的思想为代表,强调人在社会发展中的主体地位和文化价值的重要性,核心是要确立以人为中心的综合发展观。20 世纪 80 年代后,可持续发展理论应运而生,这一发展理论强调人的全面发展是社会发展的最终目的,同时更加注重经济、社会、生态的持续协调发展。当代国外发展理论的演进、深化过程与发展经验为当代中国发展提供了启示。

其次,就个体与共同体的发展关系而言,当代世界发展理念也发生了由"个体淹没于整体"到"个体与共同体有机统一"的转变。传统社会发展理念更多地强调"每个人的义务都取决于其在共同体中的位置和角色,而非其独立自主的价值"①。随着现代启蒙理性的兴起,"个体"的价值和地位日渐凸显,传统的发展理论也逐渐转向和关注公共精神。启蒙理性以社会契约和公共理性为基础,注重对个体自由意志的尊重和发展权利的保护,倡导"每一个人对每一种事物都具有权利"②。然而,这种过于强调个体性的启蒙理性也加剧了诸多现代性弊病的凸显,理性权力的膨胀致使社会分化、价值虚无、生态恶化等现代性危机频发。如何跳出普遍理性的窠臼,回归超越个体性的人之类性?马克思提出了"自由人的联合体":在"真正的共同体"中,"人不是在某一种规定性上再生产自己,而是生产出他的全面性"③,真正达成共同意志的认同与共享关系的实现,扬弃资本主义社会"使人的世界分解为原子式的相互敌对的个人的世界"④,使"虚假的共同体"转变为"真正的共同体",将人与人之间的敌对竞争关系转为个体与共同体间的真实自由与全面发展关系。

再次,就发展的价值立场而言,尽管不同的发展理论所呈现的价值立场和价值排序各不相同,研究者们都从各自的视角探究发展的合理性与价值所在,却又都不约而同地指向了发展的综合性、包容性、整体性与公平性。当代发展伦理学的先驱、人道主义发展理论的代表德尼·古莱将发展视为全面人性的实现,包括最大限度的生存、尊重与自由,认为这是"美好生活"的主要内容,也是整

---

① 孙向晨.双重本体:形塑现代中国价值形态的基础[J].学术月刊,2015(6):29.

② 霍布斯.利维坦[M].黎思复,译.北京:商务印书馆,1996:99.

③ 中共中央马克思恩格斯列宁斯大林著作编译局.马克思恩格斯全集:第四十六卷(上)[M].北京:人民出版社,1979:486.

④ 中共中央马克思恩格斯列宁斯大林著作编译局.马克思恩格斯文集:第一卷[M].北京:人民出版社,2009:54.

体发展的首要价值。阿马蒂亚·森认为,发展是人类提高自我选择能力、扩大选择活动范围、实现人的全面自由的过程。包容性发展理论将发展的全面、平等与公正视为发展的核心价值,强调发展主体的全民参与、发展内容的全面完整、发展过程的机会均等与发展成果的利益共享。阿马蒂亚·森"基本能力平等"的观点尤其强调关注穷人和弱势群体,认为他们沦为社会底层的现实就在于可行能力被剥夺,即"免受困苦——诸如饥饿、营养不良、可避免的疾病、过早死亡之类——的基本的可行能力,以及能够识字算数、享受政治参与等等的自由"[①]被剥夺。发展的公平性强调在追求经济业绩的同时,不能忽视和剥夺个体及弱势群体的自由选择和谋求发展的能力和权利。

为此,当代社会发展理论更加强调在发展中保障各阶层尤其是弱势群体共同参与现代化建设的权利与能力,最大限度保障社会个体的生存权利,实现获得生存与发展机会起点的平等、机会实现过程的平等与结果平等的统一,"在社会的所有部分,对每个具有相似动机和禀赋的人来说,都应当有大致平等的教育和成就前景。那些具有同样能力和志向的人的期望,不应当受到他们的社会出身的影响"[②]。因此,当代社会发展理念强调个体在平等参与的过程中有平等的机会使自己先天的或者后天的各种能力得到全面、充分的发展,逐渐使自己从承担局部生产职能的单向度个体到适应极其不同的社会需求,满足社会发展对异质性、多样化要求的全面个体,这是人的现代化的实现过程,也是人的生存方式与发展

---

① 阿马蒂亚·森.以自由看待发展[M].任赜,于真,译.刘民权,刘柳,校.北京:中国人民大学出版社,2002:30.

② 约翰·罗尔斯.正义论[M].何怀宏,何包钢,廖申白,译.北京:中国社会科学出版社,1988:69-70.

状态的深刻转型,更是提高社会个体共同建设现代化能力的过程。

纵观国际社会发展理念的演进历程,不难发现,人作为社会发展的实践主体与价值主体,其获得自由全面发展的需要日益受到全世界范围的广泛关注,因此,帮助人获得全面自由的发展就成为社会发展最为核心的共同价值目标。当代社会发展伦理所要面对的两大古老的哲学问题——"什么是好的生活"与"我们应当如何生活"——是我们必须要深入探讨的两大核心问题,同时也是对"如何取得发展"与"发展之后获取什么利益"作出的当代回应。创新、协调、绿色、开放、共享新发展理念的提出,是对当代世界发展理论精髓的借鉴与吸收,其目标就是要将人的需要、人的发展,以及人的本质的实现作为新时代社会发展的价值归属,为人的自由全面发展,以及人与自然、人与社会的和谐发展创造条件。面对当代中国的发展现状,新发展理念的出场有助于澄清中国发展中存在的误区,这不仅是对当代中国发展的伦理困境的理性反思,也是对中国特色社会主义本质的深刻认知,同时,为在全面建成小康社会、全面深化改革的历史背景下厘清中国未来发展之路提供了指引。

二、当代中国社会发展理念的演进

改革开放 40 余年来,中国社会发展理念的演进在立足基本国情的基础上,充分借鉴和吸收国际社会的发展经验和理论,经历了与国际社会大体相似的几个阶段。党的十一届三中全会后,以邓小平为核心的党中央第二代领导集体,在科学总结中国建设发展得失成败经验教训的基础上,对我国社会主要矛盾进行了全新的认识和判断。党的十一届六中全会进一步将我国社会的主要矛盾和根本任务科学界定为:"在社会主义改造基本完成以后,我国所要解决的主要矛盾,是人民日益增长的物质文化需要同落后的社会生产之间的矛盾。党和国家的工作重心必须转移到以经济建设为中心的社会主义现代化建设上来,大力发展社会生产力,并在这个基础上逐步改善人民的物质文化生活。"①生产力落后是这一时期中国社会最本质、最突出的社会现实,解放生产力、改善人民的物质文化生活是党和国家最直接、最迫切的历史任务。因此,坚持把经济发展放在最优先地位,将"以经济建设为中心"作为统领改革全局的"核心发展理念",是中国社会发展的必然选择。正是在"以经济建设为中心"的指引下,党和国家果断抛开姓"社"与姓"资"的抽象政治争论,大胆进行社会主义市场经济建设,从而彻底改变了中国社会的命运。

在将工作重心转移到社会主义现代化建设当中之后,选择何种方式来实现经济快速发展的问题就历史地摆在了党和国家的面前。1992年,邓小平同志在南方谈话中提出了"发展才是硬道理",计划和市场都是手段,社会主义也可以搞市场经济的论断,从而为社会主义市场经济建设奠定了认识基础。这一发展理念的提出是党和国家在历史转折时期根据国内国外发展形势所做出的科学判断与正确选择。发展理念发生根本性转变之后,中国经济发展呈现出前所未有的生机与活力,产生了诸如"华西村""滕头村""傻子瓜子""蛇口工业"等众多因制度改革而取得突出成就的鲜活实例。这些成功案例的经验说明,当代中国必须要转变僵化教条的发展理念,以实事求是的态度尊重经济发展规律,充分利用市场模式来发展经济,不断完善社会主义市场经济体制,为发展实践提供不竭

---

① 中共中央文献研究室.三中全会以来重要文献选编:下[M].北京:人民出版社,1982:785-786.

动力。

　　"发展才是硬道理"不可避免地要科学解答在新阶段要实现什么样的发展、怎样发展和为谁发展的问题。社会的发展不等于单纯的经济增长，经济发展虽然在一定时期内满足了中国最迫切的需要，但也日益暴露出在资源环境、民主政治及法制建设等诸多方面存在的问题，这些问题制约着中国社会的深入发展，这就使可持续发展理念的提出成为中国发展的必然选择。可持续发展理念强调社会、经济、人口、资源、环境的协调发展，其基本原则是既能相对满足当代人的需求，又不能对后代人的发展构成危害。可持续发展理念为科学发展观的提出奠定了理论基础。科学发展观的核心是以人为本，基本要求是全面协调可持续，根本方法是统筹兼顾，实质在于实现中国又好又快的发展。科学发展观突出人在发展中的主体地位，标志着中国发展由"重物轻人"转变为"以人为本"的发展思路。发展理念的深化为中国的发展实践带来了全新的变革，如为了转变高污染、高排放、高耗能的"三高"型生产方式，山东省枣庄市一次性爆破了 9 条年产 10 万吨的立窑水泥生产线，被誉为"中国水泥第一爆"[1]；为了助力北京奥运会营造良好的自然环境，首钢从首都迁移，并且在国家政策的扶持下，实现了工艺升级和技术装备的现代化，使环境与发展达到了新的平衡[2]。类似的案例还有诸如"华能的节能减排""贵阳的循环经济""泗洪的湿地保护"等，这些案例的实践经验充分论证了可持续发展与科学发展的可能性与合理性，为实现经济、政治、文化、社会、生态的协调发展提供了新的思路。

---

[1]　孙林.全面深化改革案例 100 深度解读[M].北京:中共中央党校出版社,2014:108.
[2]　孙林.全面深化改革案例 100 深度解读[M].北京:中共中央党校出版社,2014:114.

改革开放以来,中国社会发生了巨大的变迁。在新的发展实践中,必须要对发展动力、发展方法、发展原则、发展策略和发展目标等诸多问题进行重新思考与全新定位。习近平总书记在党的十八届五中全会上提出要坚持创新、协调、绿色、开放、共享的新发展理念并以之引领新的发展实践。继科学发展观之后,新发展理念进一步回答了在新时代要实现什么样的发展、怎样发展和为谁发展的时代课题,其建立在对当今世界发展大势与我国经济社会发展新特点合理分析的基础之上,是对改革开放实践经验与经济社会发展规律的科学总结,反映了我国当前社会发展的客观需要与人民群众的利益诉求,指明了在新时代、新阶段中国社会发展的思维方法、价值理想与实现路径,为改革发展实践的深入推进提供了鲜明的价值导向。

从"以经济建设为中心"到新发展理念的提出,这一转变展现了改革开放 40 余年来中国发展理念的历史演进历程。每一次发展理念的更新变迁,都建立在对历史和现实、理论和实践、国内和国际等多重因素深入思考的基础之上,既是对中国既往发展实践经验的科学总结,又是对国际社会发展理论的合理借鉴;既是对过去发展实践经验的归纳与概括,又是对未来发展实践的理性预测与评估。新的发展理念不断推动社会发展实践实现新的飞跃,在对中国特色社会主义发展理论的进步和完善中发挥出了极其重要的作用。

第二节　新发展理念的时代基础

历经 40 多年的改革实践,中国在取得巨大发展成就的同时,所处国内国外的环境也发生了深刻变化。"发展中国特色社会主义是一项长期而艰巨的历史任务,必须准备进行具有许多新的历史特点的伟大斗争。当前和今后一个时期,我们在国际国内面临的矛盾风险挑战都不少,决不能掉以轻心。各种矛盾风险挑战源、各类矛盾风险挑战点是相互交织、相互作用的。如果防范不及、应对不力,就会传导、叠加、演变、升级,使小的矛盾风险挑战发展成大的矛盾风险挑战,局部的矛盾风险挑战发展成系统的矛盾风险挑战,国际上的矛盾风险挑战演变为国内的矛盾风险挑战,经济、社会、文化、生态领域的矛盾风险挑战转化为政治矛盾风险挑战,最终危及党的执政地位、危及国家安全。"①新发展理念的提出,为我国在新时代积极应对国内国外矛盾风险挑战,实现更高质量的发展提供了有效指引。

一、新时代中国社会发展环境的变迁

从国际社会发展大势来看,经济全球化将世界各国联系得更加紧密,国际合作与竞争局势发生深刻转变,全球经济治理体系和规则正面临重大调整,努力构建相互尊重、公平正义、合作共赢的新型国际关系,是世界各国的共同愿景。世界多极化、经济全球化、社会信息化、文化多样化的时代浪潮,既为中国发展创造出前所未有的历史机遇,也带来了诸多风险与挑战。世界经济发展动力不足,社会贫富问题加剧,地区热点问题、环境问题、安全问题持续蔓延,增加了世界未来发展的不稳定性与不确定性。当前,和平与发展仍是世界的时代主题,而要发展就必然离不开科技创新的引领支撑。回顾近代以来的世界发展历程和我国改革开放的历史经验可以看到,每一次科技和产业革命都深刻改变了世界发展的

---

① 习近平.习近平谈治国理政:第二卷[M].北京:外文出版社,2017:222.

面貌和格局。一个国家要想在时代浪潮中做到抵御风险并牢牢掌握发展的主动权,就必须要拥有强大的科技力量,而创新则是引领科技发展与社会进步的第一动力,唯有把创新摆在首要位置,才能更好地应对时代环境的新变化,做到不断增强发展动力,占据发展的制高点和引领发展的新常态。

纵观当今世界,新一轮科技和产业革命蓄势待发,重大颠覆性技术不断涌现,科技成果转化速度加快,产业组织形式和产业链条更具复杂性,经济社会发展越来越依赖于理论、制度、科技、文化等领域的创新,国际竞争新优势也越来越体现在创新能力上。同时,当今世界又是开放的世界,世界各国已成为相互融通、紧密联结的有机整体,没有哪一个国家能游离于世界之外而独自应对人类面临的各种风险和挑战。每一个国家、每一个地区都在特定的发展时期拥有自身发展的优势和不足,唯有坚持更加开放的胸怀和视野,积极推进与世界各国的合作伙伴关系,在发展中做到求同存异、互利共赢,扩大利益交汇点,构建起总体稳定、均衡发展的国际关系,才能协调各方利益,实现由不平衡向平衡的转变,做到发挥优势、补齐短板。此外,在面对环境资源、社会安全等全球性问题时,要秉持共商共建共享的全球治理观,努力推进人与自然和谐共生的绿色发展理念,积极参与全球治理体系改革和建设,承担大国责任,贡献中国智慧和中国力量,这是时代赋予中国特色社会主义的历史使命。

从中国社会内部发展的时代语境来看,中国特色社会主义进入新时代,我国社会主要矛盾已经从人民日益增长的物质文化需要同落后的社会生产之间的矛盾转化为人民日益增长的美好生活需要和不平衡不充分的发展之间的矛盾。在历经40余年经济社会的高速发展之后,我国社会生产力发展和综合国力都已经发生了质的跃迁,人民的物质文化生活水平获得了长足改善。在新的实践语境下,我们要转变高投入、高消耗的粗放型发展模式和片面追求经济增长的价值观念,在巩固和厚植已有发展优势的基础上,扭转不平衡不充分发展的弊端,以更加优质的发展实践引领经济社会的永续进步,为满足广大人民日益增长的美好生活需要创造更加充分的条件。当前,我国正处于由中等收入国家向高收入国家迈进的阶段,改革实践已步入深水攻坚时期。国际经验表明,这一时期是诸多矛盾集中爆发的时期,发展不平衡不充分的难题不可回避,要继续推动经济社会的健康和谐发展,就必须要构建起更加科学、高效、协调、健康的发展模式,解决好政治、经济、文化、社会、生态等领域产生和积累的新矛盾、新问题,做到补齐短板,为发展政治、经济、文化、社会、生态增强后劲。

虽然,我国当前的经济总量已跃居世界第二,国际地位和世界影响力不断提升,但创新不足、大而不强、臃肿虚胖的发展问题仍是我们最为突出的短板和隐痛。创新能力不强、水平不够高、对经济社会发展支撑能力不足等问题已构成中国发展的"阿喀琉斯之踵";同时,当今时代是经济、理论、制度、科技、文化等多元发展、相互融通和互相促进的时代,在发展实践中需要强调各个方面的综合平衡,讲求发展的关联性、协调性、整体性和系统性,而不能单打独斗、顾此失彼,如此才能实现高质量、高效益、高水平的发展。就当前而言,我国区域之间、城乡之间、经济和社会之间发展的不协调、不平衡、不充分问题十分明显,已成为制约社会和谐发展和实现人民美好生活的重要因素。协调是平衡各方矛盾、挖掘发展潜力、破解难题、补齐短板的根本性保障,通过协调局部和整体、当前和长远、主要矛盾和次要矛盾的关系,作出最有利的战略抉择,着力推动区域协调发展、城乡协调发展、物质文明和精神文明协调发展。

　　此外,人与自然的和谐问题、如何提高对外开放质量与抵御外部风险能力的问题,以及社会公平正义的问题,也都是新时代发展理念必须作出合理解答的关键性难题。首先,没有良好的生态自然环境,人类就不会拥有舒适宜居的生存家园,美好生活也就会失去基础和保障。当前,解决好人与自然的和谐共生问题比以往任何时代都更为紧迫,人类的发展活动必须以尊重自然、顺应自然、保护自然为前提,否则就无法获得发展的永续性,杀鸡取卵、竭泽而渔的发展歧路最终必然会伤及人类自身。因此,"要加大环境督查工作力度,严肃查处违纪违法行为,着力解决生态环境方面突出问题,让人民群众不断感受到生态环境的改善。各级党委、政府及各有关方面要把生态文明建设作为一项重要任务,扎实工作、合力攻坚,坚持不懈、务求实效,切实把党中央关于生态文明建设的决策部署落到实处,为建设美丽中国、维护全球生态安全作出更大贡献"①。其次,经济全球化是我们谋划发展所要面对的时代潮流,这一时代潮流风险与机遇并存,"一个国家能不能富强,一个民族能不能振兴,最重要的就是看这个国家、这个民族能不能顺应时代潮流,掌握历史前进的主动权"②。实践告诉我们,要发展壮大就必须要坚持对外开放的基本国策,牢牢把握发展机遇,不断扩大全方位的对外开放,解决好内外联动的发展问题,以开放发展壮大自身、引领世界。再次,解决好社会的公平正义问题,让广大人民群众共

---

① 习近平.习近平谈治国理政:第二卷[M].北京:外文出版社,2017:393.
② 习近平.习近平谈治国理政:第二卷[M].北京:外文出版社,2017:210.

享改革实践的各方面发展成果,是社会主义制度的本质要求。进入新时代,广大人民的主体性意识更加突出,对社会公平正义的向往更加强烈,坚持人民的主体地位,就必须顺应广大人民对美好生活的期待与向往,不断实现好、维护好、发展好最广大人民的根本利益,使发展成果更多更公平地惠及全体人民。

二、体现追求高质量发展的时代特征

立足于时代发展的新起点,中国发展既要充分尊重实际国情,做到一切从实际出发,又必须要具有开放的世界视野,紧跟时代步伐,方能在时代的发展浪潮中保持有利之势。创新、协调、绿色、开放、共享新发展理念的提出,正是对新时代、新矛盾、新形势所作出的积极应对,其目标是要在"发展好的"与"好的发展"之间取得良性平衡,体现追求更高质量发展的时代特征。高质量发展,是要求能够很好地满足人民日益增长的美好生活需要的发展,是体现新发展理念的发展,是创新成为第一动力、协调成为内生特点、绿色成为普遍形态、开放成为必由之路、共享成为根本目的的发展。高质量发展,就是经济发展从"有没有"转向"好不好"。实现由高速增长阶段向高质量发展阶段的转变并不容易,既要跨越非常规的我国经济发展现阶段的特有关口,特别是要打好防范化解重大风险、精准脱贫、污染防治三大攻坚战,又要跨越常规性的、长期性的关口,也就是要大力转变经济发展方式、优化经济结构、转换增长动力,特别是要净化市场环境,提升人力资本素质,提高国家治理能力,要统筹做好跨越各种关口的顶层设计,把各项工作做好做实。

自新中国成立以来,我国经济社会发展取得了重大成就,社会生产力水平显著提高,科技进步不断取得突破并已在许多重要领域跻身世界先进行列。正是基于社会生产力提高和经济社会发展进步的现实基础,党的十九大才能对我国社会主要矛盾作出新的历史性判断,这是对我国新时代社会发展形势的精辟分析和科学概括。在中国共产党的坚强领导下,全国人民自力更生、艰苦创业,积极推进工业化建设,使社会生产力和人民物质文化生活水平得到长足发展,至改革开放前夕,我国已初步改变了一穷二白、贫穷落后的社会面貌。历经改革开放40余年的高速发展,我国的GDP增长了200多倍,对世界经济增长贡献率超过30%,成为全球第二大经济体。科技创新引领社会生产力实现跨越式提高,多项技术已步入世界领先行列。较之于改革开放之初,我国社会的物质生活水平得到了极大改善,国际地位和影响力不断攀升,实现了由站起来、富起来到强起来的伟大飞跃。当前,我们走在推进社会主义共同富裕的康庄大道上,正处在全力打赢脱贫攻坚战和决胜全面小康社会的关键时期。社会生产力的巨大发展,带来的是政治、经济、文化、社会、生态等诸多方面的历史性变革。在新时代,我国物质文化发展落后的社会现实已经得到了根本性改变,以前我们要解决的是"有没有"的问题,现在则是要解决"好不好"的问题,也就是如何实现更高质量发展的问题。

经济社会的发展进步,不仅为广大人民的物质生活水平带来了极大的改善,同时也激发了人们对更加多元、更加丰富、更高品质美好生活的渴望与向往。然而,不平衡不充分的发展问题已成为制约人民享受美好生活和社会和谐进步的最大因素。在生产力发展方面,虽然我们已在许多领域取得了历史性突破,实现了社会经济的跨越式增长,但总体上还处于由量的增长向质的提升转变的阶段,在结构、质量和效益方面还有较大的提升空间,距离实现真正高质量的发展还有着不小的距离。尤其是一些关键核心技术受制于人的局面尚未根本改变,产业创新程度较低,引领未来发展的科技储备不足,军事、安全等领域缺乏高新技术支撑等问题始终是我们难以克服的软肋。在发展的协调性方面,我国地域之间、城乡之间、行业之间、供给之间、物质文明与精神文明之间的发展还很不平衡,如一些行业和产业产能严重过剩,而大量关键装备、核心技术、高端产品却还过度依赖进口。再如城乡差距拉大、行业产能分配失衡等问题严重制约发展整体效能的提升,导致一系列社会矛盾不断积累加深。在民生领域,群众在医疗、就业、居住、养老、教育等方面依然面临着许多难题,这些难题对老百姓的美好生活的实现造成了诸多的不利影响和制约。因此,保障和改善民生没有终点,只有连续不断的新起点。同时,生态环境问题、发展的内外联动问题、公平正义问题都具有了新的矛盾特征,这些问题相互交织、相互影响,增加了社会发展的复杂性和风险性。这些新矛盾、新困境、新问题既集中反映出我国所处历史方位和社会现实发生的深刻变化,又对当前乃至未来很长时期内的发展实践提出了更高要求。

创新、协调、绿色、开放、共享新发展理念的本质目标,是要在经济社会发展步入新时代后,依据社会各方矛盾的新形势、新变化做出有效的调整和改变,以适应时代发展的多元需要,实现更快与更好的高质量发展。新发展理念要求通过不断深化改革,推进创新驱动,提高经济发展质量和效益,以更高质量的发展更为充分地满足人民群众不断发展的基本民生需要,从而为人民的安居乐业和国计民生提供更加丰富的物质财富和精神财富。

第三节　新发展理念的内在关系

习近平总书记指出:"这五大发展理念相互贯通、相互促进,是具有内在联系的集合体,要统一贯彻,不能顾此失彼,也不能相互替代。哪一个发展理念贯彻不到位,发展进程都会受到影响。全党同志一定要提高统一贯彻五大发展理念的能力和水平,不断开拓发展新境界。"①新发展理念是以问题为导向且特点鲜明的统分结合系统,同时又是实践互涉与目标一致的整体闭环系统。新发展理念的五个部分特点鲜明,分别注重解决当前中国社会发展中的不同问题,其各有侧重又相互统一,是包含伦理内蕴与价值内涵的共生式、有机式发展理念,提倡在实践互涉中系统提升发展的内涵、质量与效益,关注发展主体内在个性品质的提升与精神财富的拥有。因此,我们要正确认识新发展理念是具有内在统一性的有机整体,如此"才能真正领会好、领会透新发展理念,从世界观和方法论高度,理解新发展理念是运用历史唯物主义基本原理,把发展作为人类社会整体运动来认识,从中概括出关于发展的全局性认识"②。

一、问题导向与特点鲜明的统分结合系统

新发展理念是以问题为导向同时又具有内在统一性的有机整体,是管全局、管根本、管长远的发展总纲与战略指导,为我国当下

---

① 习近平.习近平谈治国理政:第二卷[M].北京:外文出版社,2017:200.

② 郭凤海,王春雨.唯物史观视野下的新发展理念及其当代价值[M]//中国辩证唯物主义研究会.马克思主义哲学论丛(2016 第 4 辑,总第 21 辑).北京:社会科学文献出版社,2017:42.

乃至更长时期的发展实践指明了发展思路,规定了发展的方向和着力点。其中,创新发展注重解决发展动力问题,是引领发展的第一动力;协调发展注重解决发展不平衡问题,是实现持续健康发展的内在要求;绿色发展注重解决发展模式问题,是永续发展的必要条件;开放发展注重解决发展内外联动问题,是国家繁荣发展的必由之路;共享发展注重解决社会公平正义问题,是中国特色社会主义的本质要求。新发展理念的五个部分既各有侧重又相互融通、相互促进,是一个具有内在联系的集合体,其以中国特色社会主义新时代的历史方位为基点,折射出当下中国社会发展的现实问题与诉求,对新时代中国发展的历史要求和现实要求作出了有效回应。

创新发展注重解决发展动力问题。创新是引领社会发展的第一动力,创新能力强不强直接决定着发展的速度、效能与可持续性。发展动力问题解决不好,经济社会就难以获得实质上的持续健康发展。在全面建成小康社会的决胜阶段,如果继续以高消耗、高投入的粗放型发展模式驱动经济的高速增长,就势必会积累更多难以解决的发展弊病,加剧不平衡不充分的不利发展态势,导致社会发展的和谐稳定与可持续性的最终丧失。因此,转变发展模式、创新发展动力是扭转不平衡不充分发展困境的关键所在。

创新又是一项复杂的系统性工程,其涉及经济社会发展的各个领域,坚持创新发展,既要坚持全面系统的观点,又要抓住关键,以重要领域和关键环节的突破带动全局。在当前形势下,"必须把创新作为引领发展的第一动力,把人才作为支撑发展的第一资源,把创新摆在国家发展全局的核心位置,不断推进理论创新、制度创新、科技创新、文化创新等各方面创新,让创新贯穿党和国家一切工作,让创新在全社会蔚然成风"①。也就是要以科技创新为引领、以人才创新为支撑,应对发展环境变化,转变发展模式,创新发展动力,在发展实践中不断创新发展观念与发展方式,统筹推进理论、制度、科技、文化等多方面的创新,让创新贯穿党和国家的一切工作,以此推进优质高效、健康永续的科学发展。

协调发展注重解决发展不平衡问题。唯物辩证法认为,事物是普遍联系的,发展的各要素之间相互联系、相互影响,构成了事物发展的有机整体。当各发展要素之间的不协调性持续积累,发展就会因失去平衡而止步不前。当前,我国发展不平衡、不协调、不可持续的情况还十分明显,其集中反映在区域之间、城乡之间、代与代之间,以及经济与社会、经济与生态、物质文明与精神文明等多重发展的矛盾之中。"我国发展不协调是一个长期存在的问题,突出表现在区域、城乡、经济和社会、物质文明和精神文明、经济建设和国防建设等关系上。在经济发展水平落后的情况下,一段时间的主要任务是要跑得快,但跑过一定路程后,就要注意调整关系,注重发展的整体效能,否则'木桶效应'就会愈加显现,一系列社会矛盾会不断加深。为此,我们必须牢牢把握中国特色社会主义事业总体布局,正确处理发展中的重大关系,不断增强发展整体性。"②在经济发展取得历史性成就的今天,我们必须要更加强调协调好不同发展要素之间的关系,提升发展的整体效能,通过协调发展,使一系列长期积累的失衡矛盾逐渐获得转变和化解。

如在区域问题方面,要充分发挥各地区间的比较与互补优势,

① 习近平.习近平谈治国理政:第二卷[M].北京:外文出版社,2017:198.
② 习近平.习近平谈治国理政:第二卷[M].北京:外文出版社,2017:198.

促进生产力优化布局,通过"一带一路"建设、京津冀协同发展、长江经济带发展等途径,逐渐打通开放式区域发展格局,缩小地区发展差距。推进"一带一路"建设,"东中西部地区都有很好的发展机遇,特别是西部一些地区,过去是边缘地区,而一旦同周边国家实现了互联互通,就会成为辐射中心,发展机遇很大。今后,区域政策的一个要点是统一国内大市场,这既是区域政策要解决的问题,也是财税体制改革的重要任务。要通过改革创新打破地区封锁和利益藩篱,全面提高资源配置效率"①。

在城乡问题上,要加快形成以工促农、以城带乡、工农互惠的城乡一体化关系,促进城乡资源的均衡配置,不断缩小城乡发展差距。在经济建设、文化建设、国防建设等领域,要建立全要素、多领域、高效益的深度融合发展格局,实现协调、平衡、兼容发展。缩小城乡差距、改变城乡二元结构,就要在推进城镇化的过程中,把人作为发展的核心。在推动乡村人口向城镇转移融入的过程中,不断完善城镇就业和户籍体制,在增加和稳定劳动供给和促进社会消费的同时,不断从根本上推进农业现代化,实现城乡发展的良性互动。同时,"促进区域发展,要更加注重人口经济和资源环境空间均衡。既要促进地区间经济和人口均衡,缩小地区间人均国内生产总值差距,也要促进地区间人口经济和资源环境承载能力相适应,缩小人口经济和资源环境间的差距。要根据主体功能区定位,着力塑造要素有序自由流动、主体功能约束有效、基本公共服务均等、资源环境可承载的区域协调发展新格局"②。

绿色发展注重解决人与自然和谐的问题。人与自然是一种共

---

① 习近平.习近平谈治国理政:第二卷[M].北京:外文出版社,2017:236.
② 习近平.习近平谈治国理政:第二卷[M].北京:外文出版社,2017:243.

生性关系,对自然的过度利用和征服,最终必然会危及人类自身,人类社会的任何发展都必须要以尊重自然、顺应自然和保护自然作为根本前提。对自然资源的过度开发和利用,对保护自然环境缺乏应有的意识,必将导致经济发展走弯路,最终丧失发展的可持续性。当前,我国经济社会发展在取得历史性成就的同时,也积累了大量的生态环境问题,这已成为制约实现更高质量发展的一大瓶颈。经济增长固然重要,但若以过度消耗自然资源为成本,以积累加剧生态环境问题为代价,发展就必然会走向歧路。当各类环境污染呈现出高发之势,生态问题集中爆发之时,人民的美好生活就必然会面临前所未有的威胁和挑战。当生态环境问题不断积累加剧,人民群众的生活和健康就会受到威胁,甚至引发突出的民生问题,老百姓就会因此有意见和怨言。因此,在经济社会发展取得一定成就,温饱问题获得稳定解决后,保护生态环境就成了实现高质量发展的题中应有之义。坚持绿色发展,必须要树立大局观、长远观、整体观,切忌寅吃卯粮、竭泽而渔,做到对自然取之有度,用之以时,将节约资源和保护环境作为基本国策。要意识到"环境就是民生,青山就是美丽,蓝天也是幸福,绿水青山就是金山银山;保护环境就是保护生产力,改善环境就是发展生产力"[①]。

此外,坚持绿色发展还可以创造出许多新的经济增长点和民生增长点,实现金山银山与绿水青山的互通转换,为人民的美好生活带来诸多福利。随着物质生活水平的不断改善,人民群众对健康生活、安全生活、洁净生活的要求越来越强烈。通过推进绿色发展,增加自然资本的增值,老百姓就能"呼吸上新鲜的空气、喝上干净的水、吃上放心的食物、生活在宜居的环境中、切实感受到经济

---

① 习近平.习近平谈治国理政:第二卷[M].北京:外文出版社,2017:209.

发展带来的实实在在的环境效益"①。因此,必须以绿色发展理念引领生产发展、生活富裕、生态良好的文明发展道路,始终坚持节约资源和保护环境的基本国策,把绿色发展理念贯穿在一切发展实践当中,让美好生活的实现与人的全面发展建立在天蓝水秀、山青地美的中国沃土之上。

开放发展注重解决发展内外联动的问题。如何为发展创造和谐稳定的内外环境,解决好内外联动的问题,是当下中国需妥善处理的又一关键性问题。当前,"必须坚持对外开放的基本国策,奉行互利共赢的开放战略,深化人文交流,完善对外开放区域布局、对外贸易布局、投资布局,形成对外开放新体制,发展更高层次的开放型经济,以扩大开放带动创新、推动改革、促进发展"②。当今世界更加开放多元,国际经济合作和竞争局面日益深刻变化,一方面,推动全球治理体系改革和构建人类命运共同体已成为不可逆转的世界大势,世界多极化和国际关系民主化成为必然趋势,我们要思考的问题不再是要不要对外开放的问题,而是如何提高对外开放的质量和发展的内外联动性。另一方面,国际力量的对比和博弈正发生前所未有的变化,西方发达国家在经济、科技、政治、军事上的优势地位尚未真正改变,保护主义、霸权主义等强权政治因素还始终存在,形成更加公正合理的国际政治经济秩序依然任重道远。

今天,我们所具备的开放发展的大环境比以往更为有利,"引进来、走出去在深度、广度、节奏上都是过去所不能比拟的"③,与此

---

①　习近平.习近平谈治国理政:第二卷[M].北京:外文出版社,2017:210.

②　习近平.习近平谈治国理政:第二卷[M].北京:外文出版社,2017:199.

③　习近平.习近平谈治国理政:第二卷[M].北京:外文出版社,2017:199.

同时,应对外部经济风险、维护国家经济安全的压力也在不断增长。虽然我国已成为世界第二大经济体,货物进出口总量、对外直接投资和外汇储备等都已步入世界前列,但"我国对外开放水平总体上还不够高,用好国际国内两个市场、两种资源的能力还不够强,应对国际经贸摩擦、争取国际经济话语权的能力还比较弱,运用国际经贸规则的本领也不够强,需要加快弥补"①。坚持开放发展,就是要长期坚持对外开放的基本国策,通过互利共赢的开放战略,发展更高层次的开放型经济,以扩大开放带动创新、推动改革、促进发展,充分发挥内因与外因的联动作用,协调好内部投资与外部投资、内部发展与对外开放之间的互动关系,为创新发展、协调发展、绿色发展、共享发展营造出良好的内部与外部环境。

共享发展注重解决社会公平正义的问题。共享发展坚持以人民为中心的发展思想,体现逐步实现共同富裕的要求。"以人民为中心的发展思想,不是一个抽象的、玄奥的概念,不能只停留在口头上、止步于思想环节,而要体现在经济社会发展各个环节。"②坚持共享发展,就是要把握好、解决好经济发展与公平正义之间的关系问题,在把"蛋糕"做大与做好之间取得良性平衡。实现共同富裕,让人民群众共享发展成果,是社会主义的本质要求。

在改革开放之初,我们将推动经济快速增长放在一切工作的中心位置,更加注重把经济发展的"蛋糕"不断做大,而相对忽视了"蛋糕"切好的公平正义性,这种片面追求经济增长的发展思路也导致了贫富差距拉大、收入分配不均、城乡发展失衡等诸多矛盾的积累。进入中国特色社会主义新时代,广大人民的主体意识日益

---

① 习近平.习近平谈治国理政:第二卷[M].北京:外文出版社,2017:199.
② 习近平.习近平谈治国理政:第二卷[M].北京:外文出版社,2017:213-214.

增强，人们美好生活的实现与社会公平正义之间的内在关联愈益紧密。只有公平正义的问题解决好了，广大人民作为实践主体的积极性、主动性、创造性才能充分地调动起来，人民才会拥有更多的获得感和幸福感，社会发展才能获得更加充足的动力，美好生活才会建立在更为坚实的基础之上。坚持共享发展，就是要做到发展为了人民、发展依靠人民、发展成果由人民共享，作出更有效的制度安排，稳步推进共同富裕，推动经济社会发展与人自身发展的双向互动，让新时代中国特色社会主义制度的优越性得到更为鲜明的体现。

二、实践互涉与目标一致的整体闭环系统

新发展理念在深刻总结国内外历史发展经验和吸收继承以往发展理论精华的基础上得以形成，是对马克思主义发展观的继承和发展，是实践互涉与目标一致的整体闭环系统。在实践层面上，新发展理念倡导在经济发展新常态背景下，通过调整结构、转变方式，协调和解决社会发展中的主要矛盾、根本问题和发展短板，表达实现共同富裕、全面建成小康社会的实践诉求；在价值层面上，新发展理念坚持以人民为中心的发展价值观，强调共建共享的发展模式，将人的自由全面发展和社会的公平正义与永续发展作为目标旨归。贯彻新发展理念，必须要将理论与实践紧密结合，将科学的理念转化为扎实的高质量发展实践，将其内化成实现高质量发展的价值导向、思路举措和工作方式，切切实实推进发展实践。

创新发展是实现高质量发展的动力源泉，其为发展实践提供恒久的内生动力。创新是引领发展的第一动力。然而，回顾中华民族的发展历程，我们在第一次、第二次科技革命的创新浪潮中一度错失了发展机遇，丧失了发展主动权，造成发展质与量的失衡。

面对新一轮的科技革命,增强自主创新能力是我们的首要任务,因为"我国能否在未来发展中后来居上、弯道超车,主要就看我们能否在创新驱动发展上迈出实实在在的步伐"①。立足我国当前的经济新常态,经济增速从高处回落,面临着较大的下行压力,处于经济增长速度的换挡期,原先大规模依赖低成本的生产要素投入、追求规模效应、忽视质量效益提升的发展模式对经济增长贡献的边际效益逐年递减。面对如此发展现状,实现以科技创新为核心的全面创新,包括理论创新、制度创新、文化创新在内的创新发展就尤为重要。它是我国经济在发展新常态下实现发展动力转向的关键,即从"要素驱动""投资驱动"向"创新驱动"转变。这是优化生产结构,实现新的经济增长,从追赶型发展迈向引领型发展的关键。创新发展是实现共同富裕和共建共享的必要性前提,持续创新为发展实践提供持续的发展活力、良好的发展势头与稳固的发展后劲。

协调发展是实现高质量发展的内在要求,其为发展实践过程中的冲突与矛盾提供了一个缓和与化解的途径。"统筹兼顾""可持续发展观""五位一体"总体布局与"四个全面"战略布局等都是对协调发展规律的深化认识。新发展理念的价值规定表明,如何追求发展(手段、途径)和发展的收益(结果)同样重要,即精神文明与物质文明、物的发展与人的发展、发展数量与发展质量、经济发展与环境保护之间必须保持内在的一致性。协调发展正是对以人民为中心和共建共享本质的确认与延伸,它内含着丰富的辩证法思想,注重发展短板与发展潜力、两点论与重点论的统一。在实践

---

① 习近平.在中国科学院第十七次院士大会、中国工程院第十二次院士大会上的讲话[M].北京:人民出版社,2014:11.

中进一步唤醒人们的少数人意识,避免"短板效应"日渐趋显,包括缩小持续扩大的收入差距、协调区域发展、消除城乡二元结构、缩减社会文明程度与经济发展水平之间的差距等。这为实现多样共存、包容并蓄、公平正义的发展样态提供了内在支撑。

绿色发展是实现高质量发展的生态保障,也是有效推进人与自然和谐共生的生态动力。这一理念的提出不仅是社会发展水平提高的表现,更彰显了人们从求生存到盼生活、盼生态的自主自觉意识的转换。"生态文明建设是'五位一体'总体布局和'四个全面'战略布局的重要内容。各地区各部门要切实贯彻新发展理念,树立'绿水青山就是金山银山'的强烈意识,努力走向社会主义生态文明新时代。"①绿色发展以自然生态是一个生命共同体和命运共同体为主导理念,利用科技创新实现产业结构的转型升级,进而从粗放型经济增长方式向低物耗、低排放、低污染的低碳发展与循环发展方式转变。因此,"推动形成绿色发展方式和生活方式,是发展观的一场深刻革命。这就要坚持和贯彻新发展理念,正确处理经济发展和生态环境保护的关系,像保护眼睛一样保护生态环境,像对待生命一样对待生态环境,坚决摒弃损害甚至破坏生态环境的发展模式,坚决摒弃以牺牲生态环境换取一时一地经济增长的做法,让良好生态环境成为人民生活的增长点、成为经济社会持续健康发展的支撑点、成为展现我国良好形象的发力点,让中华大地天更蓝、山更绿、水更清、环境更优美"②。绿色发展所形成的新的经济增长点,为民众提供公平的公共产品,也是最普惠的民生福祉。就像德国学者赫尔曼·舍尔所认为的,以绿色经济为基础的

---

① 习近平.习近平谈治国理政:第二卷[M].北京:外文出版社,2017:393.
② 习近平.习近平谈治国理政:第二卷[M].北京:外文出版社,2017:395.

生态制度有利于实现共同富裕,有利于"从少数人的富裕——个别的人,个别的企业或社会——慢慢地走向全人类的富裕,财富将会获得更为公平与广泛的分布"①。

开放发展是实现高质量发展的外在支撑。只有坚持"引进来"与"走出去"相统一,深度融入世界经济发展,才能为发展实践提供互利共赢的国际环境。开放发展以人类命运共同体为思想核心,以更开阔的视野审视历史与时代要求,扩展海外发展空间,参与国际规则制定,实施互利共赢的开放战略,实现开放型经济体系。从闭关锁国到全方位的对外开放,这种通过参与全球治理,承担国际责任与义务为国内发展争取更多主动权的方式,有利于体现我国对外开放的自信与自觉,而且更容易获得国际社会的认可与理解,为国内发展构建世界政治经济新格局,其中"一带一路"倡议与亚投行战略等正是实现这一目标的重大举措。

共享发展是五大发展理念的价值归属。人与自然、人与人、人与社会的共生共容是其发展的正当性追求,这不仅是实现现代化进程中的"共识""共建""共享"的现实要求,更是社会主义本质即共同富裕和社会主义制度优越性的体现。共享发展理念倡导人人享有、各得其所而非由少数人或一部分人私享的发展价值观,恰是对公平正义价值原则最为有力的体现与彰显,"绝不能出现'富者累巨万,而贫者食糟糠'的现象"②。解决发展的公平正义问题,要求在新时代社会发展中着力兼顾不同阶层、不同主体的多元性需要,尤其要加大对困难群众的帮扶力度,也就是不仅要把"蛋糕"

①　赫尔曼·舍尔.阳光经济:生态的现代战略[M].黄凤祝,巴黑,译.北京:生活·读书·新知三联书店,2000:340.

②　习近平.习近平谈治国理政:第二卷[M].北京:外文出版社,2017:200.

做大,更要将其分好,通过扩大中等收入阶层,逐步形成橄榄形分配格局,让社会主义制度的优越性在公平正义的社会氛围中得到更加充分的体现。同时,坚持共享发展,还必须强调共建共享的发展思路,充分发扬民主、广泛汇聚民智、最大激发民力,形成人人参与、人人尽力、人人都有成就感的生动局面,努力实现对政治、经济、文化、社会、生态等各方面建设成果的公平共享,全面保障人民群众在各方面的合法权益,有效满足人民对美好生活的渴望与向往,在共建共享的和谐氛围中实现人与社会的和谐永续发展。

总之,新发展理念的五个部分各具特色、各有侧重,同时又相互融通、内在统一,形成了不可拆分的有机整体,"新发展理念的提出,是对辩证法的运用;新发展理念的实施,离不开辩证法的指导。要坚持系统的观点,依照新发展理念的整体性和关联性进行系统设计,做到相互促进、齐头并进,不能单打独斗、顾此失彼,不能偏执一方、畸轻畸重"①。实施和贯彻新发展理念,要将辩证法运用到具体的实践环节,在解决现实问题的过程中做到"坚持'两点论'和'重点论'的统一,善于厘清主要矛盾和次要矛盾、矛盾的主要方面和次要方面,区分轻重缓急,在兼顾一般的同时紧紧抓住主要矛盾和矛盾的主要方面,以重点突破带动整体推进,在整体推进中实现重点突破。要遵循对立统一规律、质量互变规律、否定之否定规律,善于把握发展的普遍性和特殊性、渐进性和飞跃性、前进性和曲折性,坚持继承和创新相统一,既求真务实、稳扎稳打,又与时俱进、敢闯敢拼"②。

---

① 习近平.习近平谈治国理政:第二卷[M].北京:外文出版社,2017:221.

② 习近平.习近平谈治国理政:第二卷[M].北京:外文出版社,2017:221.

◆◆◆ **案例 1-1**

构建 G60 科创走廊，推动长三角一体化发展

当前，为推进长三角地区更高质量一体化发展，包括上海、嘉兴、杭州、金华、苏州等在内的 9 个城市正积极推进 G60 科创走廊建设。作为长三角贯彻落实新发展理念引领示范区的重要引擎，G60 科创走廊沿线是中国经济活力与城镇化水平最高的区域之一。G60 沪昆高速贯穿上海市松江区全境，连通长三角和西南地区，公路两侧分布着多家企业。2016 年，上海市松江区首先提出沿 G60 高速公路构建产城融合科创走廊的构想，至 2018 年，上海、嘉兴、杭州、金华、苏州、湖州、宣城、芜湖、合肥等 9 个城市同时加入 G60 科创走廊建设，使科创走廊覆盖面积达到 7.62 万平方千米。短短两年时间，科创走廊建设经历了由 1.0 版本到 2.0 版本再到 3.0 版本的跃迁，实现了三级跳。通过在深化产业集群布局、加强基础设施互联互通、推进协同创新和推动品牌园区深度合作等方面的集中发力，G60 科创走廊将成为长三角地区有独特品牌优势的协同融合发展平台。

案例来源：张朝登.G60 科创走廊：当好长三角一体化"先行先试者"[N].中国经济导报,2019-04-16(03).

案例简析 〉〉〉

G60 科创走廊作为推动长三角更高质量一体化发展的重要引擎，是强化产业协同发展、推动区域协同创新一体化的有效平台，未来将成为"中国创造"的主要阵地之一。大力推进 G60 科创走廊建设，推进区域基础设施互联互通，利用好地区间产业发展梯度差异，努力实现不同城市间的优势互补与功能对接，获得"1＋1＞2"

的协同发展效应,将会为推动长三角更高质量一体化发展作出更大贡献,这也是对新发展理念的有效贯彻和具体落实。

◆◆ 本章小结

创新、协调、绿色、开放、共享的新发展理念,是在深刻总结国内外发展经验教训和分析国内外发展大势的基础上形成的,集中反映了党对经济社会发展规律认识的深化,是对我国当前发展中的突出矛盾和问题做出的理论回应。新发展理念与以经济建设为中心、发展才是硬道理、可持续发展观、科学发展观等形成了一脉相承又与时俱进的逻辑进路,这一演进过程为不同阶段的社会发展实践奠定了坚实的理念基础,为我国在新时代积极应对国际、国内风险挑战,实现更高质量的发展提供了有效指引。新发展理念的五个部分既各有侧重又相互融通,是相互贯通、相互促进、具有内在联系的集合体。新发展理念又是包含了伦理内蕴与价值内涵的共生式、有机式发展理念,其提倡在实践互涉中系统提升发展的内涵、质量与效益,关注发展主体内在个性品质的提升与精神财富的拥有。

◆◆ 思考题

1.为什么说新发展理念与以经济建设为中心、发展才是硬道理、可持续发展观、科学发展观等是一脉相承又与时俱进的逻辑关系?

2.新时代中国社会发展面临着怎样的国际国内环境,其对新发展理念的提出具有怎样的影响?

3.新发展理念如何体现追求高质量发展的时代特征?

◆◆ 拓展阅读

1.习近平.习近平谈治国理政:第二卷[M].北京:外文出版社,2017.

2.刘小枫.现代性社会理论绪论[M].上海:华东师范大学出版社,2018.

3.霍布斯.利维坦[M].黎思复,译.北京:商务印书馆,1996.

4.阿马蒂亚·森.以自由看待发展[M].任赜,于真,译.北京:中国人民大学出版社,2002.

5.约翰·罗尔斯.正义论[M].何怀宏,何包钢,廖申白,译.北京:中国社会科学出版社,1988.

6.孙林.全面深化改革案例100深度解读[M].北京:中共中央党校出版社,2014.

7.习近平.在中国科学院第十七次院士大会、中国工程院第十二次院士大会上的讲话[M].北京:人民出版社,2014.

8.赫尔曼·舍尔.阳光经济:生态的现代战略[M].黄凤祝,巴黑,译.北京:生活·读书·新知三联书店,2000.

改革既要往有利于增添发展新动力方向前进,也要往有利于维护社会公平正义方向前进,注重从体制机制创新上推进供给侧结构性改革,着力解决制约经济社会发展的体制机制问题;把以人民为中心的发展思想体现在经济社会发展各个环节,做到老百姓关心什么、期盼什么,改革就要抓住什么、推进什么,通过改革给人民群众带来更多获得感。

——摘自习近平在中央全面深化改革领导小组第二十三次会议上的讲话①

第二章　新发展理念的主题、问题与命题②

◆◆ 本章要点

1. 新发展理念的提出,是对新时代社会主要矛盾转化的积极回应,这一理论创新是历史基础、理论基础与现实基础的有机统一。新发展理念坚持以人民为中心的发展思想,顺应人民群众对美好生活的向往,是新发展理念的价值归属。

2. 新发展理念关注在新时代"怎样发展"的方法论课题,也就是要在坚持真理原则与价值原则的基础上,对当前社会发展阶段进行科学判断,分析当下社会最本质、最核心和最迫切的发展需要,解答在新的历史阶段要"怎样继续发展"的核心问题。

---

① 习近平.习近平谈治国理政:第二卷[M].北京:外文出版社,2017:103.

② 张彦,王长和.论改革开放以来中国发展理念价值排序的演进依据[J].浙江社会科学,2018(7):4-10;张彦,顾青青.共享发展:当代发展伦理的中国表达[J].思想理论教育,2016(7):35-41.

3.新发展理念强调以发展的全面性应对单向度发展,以发展的可持续性应对透支性发展,以发展的内涵性应对数量式发展,通过对发展的目标、内容、手段、原则等进行调整和完善,提升发展的全面性、持续性与内涵性。

党的十九大对我国社会主要矛盾的转化作出了重大判断,中国特色社会主义进入新时代,我国社会主要矛盾已经转化为人民日益增长的美好生活需要和不平衡不充分的发展之间的矛盾。这一转化是关系全局的历史性转变,客观地反映出我国现阶段经济社会发展的新特征,彰显出人民美好生活需要在社会发展中的重要地位,更加凸显了以人民为中心的发展价值观。这一重大判断阐明了我国未来发展中亟待解决的核心问题,为未来发展实践提供了价值指引,彰显新发展理念的理论与现实意义,并对新发展理念的理论内涵与现实诉求提供了依据,对落实新发展理念提出了更高要求。

自改革开放以来,中国社会发展在历史方位、社会现实、价值理想等诸多层面发生了时代性转变。一方面,经济发展与科技进步共同助力社会生产力取得显著提高,作为最大的发展中国家,中国已成功解决了十几亿人的温饱问题,共同富裕得到稳步推进,到2020年将全面建成小康社会。与此同时,广大人民的美好生活需要日益广泛,人们"不仅对物质文化生活提出了更高的要求,而且在民主、法治、公平、正义、安全、环境等方面的要求日益增长"①。另一方面,我国仍处于并将长期处于社会主义初级阶段的基本国情没有改变,经济发展已由高速增长期转入中高速增长期,发展不

---

① 习近平.决胜全面建成小康社会　夺取新时代中国特色社会主义伟大胜利:在中国共产党第十九次全国代表大会上的报告[M].北京:人民出版社,2017:11.

平衡不充分的现实困境日益突出,成为制约人民获得美好生活的重要因素。牢牢立足于社会主义初级阶段这一基本国情,着力解决好发展不平衡不充分的现实问题,大力提升发展的质量和效益,更加充分地满足人民在政治、经济、文化、社会、生态等方面日益增长的需要,推动人与社会的全面发展,是新时代中国社会发展的核心主题。

第一节　新发展理念的理论主题

创新、协调、绿色、开放、共享新发展理念的提出,是对新时代社会主要矛盾转化的积极回应,这一理论创新是历史基础、理论基础与现实基础的有机统一。在历史层面上,新发展理念与以经济建设为中心、发展才是硬道理、可持续发展观、科学发展观等发展理念一脉相承又与时俱进,其进一步回答了在新时代、新矛盾、新形势下要实现什么样的发展、为谁发展和怎样发展的时代主题,为我国当前乃至今后很长时期内的发展实践指明了方向;在理论层面上,新发展理念以马克思主义发展观为理论基石,是在深刻总结国内外发展经验教训和科学分析国内外发展大势的基础上形成的,集中反映出中国共产党对经济社会发展规律认识的深化,体现了实现人类解放和人的自由全面发展的价值原则与价值理想;在现实层面上,新发展理念表达出我国当前社会发展的客观需要与人民群众的利益诉求,是针对我国社会主要矛盾转化和发展中的突出问题所提出的有效策略,其坚持以人民为中心的发展价值观,体现维护社会公平正义、逐步实现共同富裕和满足人民美好生活需要的时代要求,指明了新时代中国发展的实践路径,为深入推进改革实践提供了鲜明的引领方向。

一、树立以人民为中心的发展价值观：为谁发展

以人民为中心是新发展理念的根本价值立场。人民是社会发展的实践主体和价值主体，是否有利于广大人民美好生活的实现是评判社会发展是否足够高质量、是否足够美好的价值标尺。美好生活归根结底是由人民创造和由人民共享的美好生活，人民对生活的满意程度是评判发展好坏、生活是否美好的根本标准。因此，中国共产党把带领人民创造幸福生活作为矢志不渝的奋斗目标，"全党必须牢记，为什么人的问题，是检验一个政党、一个政权性质的试金石。带领人民创造美好生活，是我们党始终不渝的奋斗目标。必须始终把人民利益摆在至高无上的地位，让改革发展成果更多更公平惠及全体人民，朝着实现全体人民共同富裕不断迈进"①。坚持以人民为中心的发展思想，顺应人民群众对美好生活的向往，是新发展理念的价值归属。贯彻和落实新发展理念，要求始终坚持以人民为中心的发展价值观，不断发展各项社会事业，将保障和改善民生作为重点，保证人民平等参与、平等发展的权利，让社会发展成果更多、更公平地惠及全体人民，努力实现共同富裕和全面小康。

人民立场是马克思主义政党的根本政治立场，人民是历史的创造者，是社会进步的真正动力，人民利益是中国共产党一切工作的根本出发点和落脚点。一个社会选取什么样的发展理念，就会有什么样的发展旨趣、发展原则和发展方向。只有确立正确的发展理念，并以其对发展实践施以全局性的科学引导，才能保证发展中的诸多矛盾问题得到有序合理解决，才能统筹全局减少失误，保

---

① 习近平.决胜全面建成小康社会　夺取新时代中国特色社会主义伟大胜利：在中国共产党第十九次全国代表大会上的报告[M].北京：人民出版社，2017:44-45.

证发展实践有条不紊地得以展开。因此,新发展理念首先要明确解答在新时代"为谁发展"的问题,这一问题关涉价值主体与发展目标的确立,回应的是发展的价值论问题。

人类解放和人的自由全面发展是马克思主义的最高价值目标,其贯穿于马克思关于发展的全部理论之中。在这一目标的指引下,马克思对人与社会的发展及其内在关系进行了全面而系统的考察,形成了丰富而深刻的发展理论。在马克思主义发展观视阈下,"环境的改变和人的活动或自我改变的一致,只能被看作是并合理地理解为革命的实践"①。可见,人类自身的发展与经济社会的发展在彼此促进的发展实践中达到相互统一。一方面,人作为对象性存在物,总是要在遵循客观规律的前提下对客观世界进行合目的性的能动改造,并在实践活动中逐步加深对客观世界发展规律的认识和掌握,提升自身改造世界的主动性和创造力,实现"自我改变"和自我超越;另一方面,"环境的改变"又总是朝着人的需要所规定的方向而有目的性地展开,经过实践活动改造过的客观世界,便跃迁为带有社会属性与价值属性的"人化自然、为我之物",从而能够更加有效与合理地满足人们不断发展的多元化需要,实现从"自在"到"自为"的质变与超越。因此,人既是社会发展的实践主体,又是社会发展的价值主体;既是社会发展的手段,又是社会发展的最终目的。人的自由全面发展与经济社会的发展辩证统一于具体的社会发展实践之中,在特定历史阶段实现相对和谐的稳定发展。马克思主义发展观为新发展理念的提出提供了丰富而深刻的理论依据。

----

① 中共中央马克思恩格斯列宁斯大林著作编译局.马克思恩格斯文集:第一卷[M].北京:人民出版社,2009:500.

　　马克思认为,在资本主义私有制下,对剩余价值的追求是社会发展的核心目标,即"以物为本"是现代资本主义社会发展的本质逻辑。"随着人类愈益控制自然,个人却似乎愈益成为别人的奴隶或自身的卑劣行为的奴隶。甚至科学的纯洁光辉仿佛也只能在愚昧无知的黑暗背景上闪耀。我们的一切发明和进步,似乎结果是使物质力量成为有智慧的生命,而人的生命则化为愚钝的物质力量。"①马克思认识到,这种由资本逻辑所推动的发展,本质上是一种主客体相倒置的发展思路,社会发展应逐步消灭资本的力量,消除物对人的奴役,还人以价值主体的地位。社会主义的本质是解放生产力,发展生产力,消灭剥削,消除两极分化,最终达到共同富裕。因此,发展为了人民、发展依靠人民、发展成果由人民共享,将人民放在发展主体的首要位置是新时代中国特色社会主义思想的本质要求。

　　在改革开放之初,落后的社会现实条件决定了我们必须要把经济建设放在一切工作的中心位置,在经济发展的同时也产生了贫富差距拉大、区域发展不平衡、环境资源恶化等诸多问题,同时还助长了"重物轻人"的思想倾向,相对忽视了人的主体性与多元化需求。随着社会生产力的快速发展,人民的思想不断得到解放,人才资源在生产力发展中的核心地位日益突出,人民在发展中的主体性价值得到进一步彰显。因此,在新时代,"要在经济发展基础上持续改善民生,特别是要提高教育、医疗等基本公共服务数量和质量,推进教育公平。要实施精准帮扶,把钱花在对特定人群特殊困难的针对性帮扶上,使他们有现实获得感,使他们及其后代发

---

　　① 中共中央马克思恩格斯列宁斯大林著作编译局.马克思恩格斯文集:第二卷[M].北京:人民出版社,2009:580.

展能力得到有效提升"①。只有切实做到发展为了人民、发展依靠人民、发展成果由人民共享,突出人民群众的实践主体与价值主体地位,才能充分激发出广大人民的主动性、创造性与持久活力,为社会协调发展与人的全面发展提供不竭动力。在实施贯彻新发展理念的过程中,既要摒弃只注重价值标准而忽视真理标准的急功近利、竭泽而渔的发展思路,同时又必须要给予主体需要以足够的关注,规避"见物不见人"的发展风险。在遵循真理原则与价值原则的基础上,明确发展主体,定位发展目标,厘清发展思路,探寻发展方法,引领发展方向,将人民的主体性地位贯穿于社会发展实践的始终。

二、对不平衡不充分发展的系统思考:怎样发展

当前,人民日益增长的美好生活需要和不平衡不充分的发展之间的矛盾已成为我国社会的主要矛盾。当前,我国发展不平衡不充分的特征十分明显,集中反映在区域之间、城乡之间、代与代之间,以及经济与社会、经济与生态、物质文明与精神文明等多重发展的矛盾之中,已成为制约人民美好生活需要获得满足的主要因素。新发展理念必须要对不平衡不充分的发展现实作出科学回应,为不断满足人民日益增长的美好生活需要创造条件。面对新形势、新矛盾、新问题和新需求,新发展理念关注在新时代"怎样发展"的方法论课题,也就是要在坚持真理原则与价值原则的基础上,对当前社会发展阶段进行科学判断,分析当下社会最本质、最核心和最迫切的发展需要,解答在新的历史阶段要"怎样继续发展"的核心问题。

---

① 习近平.习近平谈治国理政:第二卷[M].北京:外文出版社,2017:244.

　　"怎样发展"内含发展动力、发展方法与发展要求等诸多层面的理论问题,其首先就要科学解答在新时代依靠何种力量来改变不平衡不充分发展现状并继续推动高质量发展的问题,这也是发展实践中的关键问题。"创新从形式上看是一种推陈出新、破旧立新的人类活动,本质上则是一种通过对事物规律、属性、关系的新发现新运用,更为有效地认识世界、改造世界的实践活动。"①与常规实践相比,创新实践更能够激发主体改造世界的能动性和创造性,加深其对客观事物属性、规律、特征的理解和认识,拓展人们认识世界的深度和广度,从而更加有效地改造世界,使自身的需求得到更高程度的满足。在马克思看来,生产力是社会发展进步的决定力量,而人又是生产力发展的核心要素,创新实践不仅可以更有效地推动生产力的快速发展,同时还能使人们在创新活动中获得更深层次的锻炼与更加全面的发展。在新时代,科技创新已成为驱动世界发展的核心力量,中国的发展必须要将创新放在发展动力的首要位置,以科技创新作为发展的第一动力,以人才资源作为生产力进步的第一支撑,不断推进经济结构创新调整,实现产业结构优化升级,逐步形成科技创新、制度创新、理论创新、文化创新协调进步的新发展体系,让社会发展实践在新动力、新结构、新体制、新战略、新理念中获得质的飞跃,从而实现更加平衡、更加协调、更为充分的发展。

　　"怎样发展"还必须着重解答发展方法与发展要求的问题。马克思主义发展观认为,人的发展与自然界和社会的发展是相互依存、相互制约、相互转化的辩证关系,三者互为发展条件,在彼此促

---

　　① 庞元正.五大发展理念的哲学基础[M]//中国辩证唯物主义研究会.马克思主义哲学论丛(2016年第3辑,总第20辑).北京:社会科学文献出版社,2016(3):113.

进与协调的过程中实现各自发展。这三者中任何一方的发展受到阻碍和限制,都必然会影响到其他二者的健康发展,进而对发展全局造成不利影响。可见,系统性与协调性是发展本身所蕴含的本质属性和内在要求。这种属性和要求反映在人与自然之间,就是要实现人与自然的和谐共生,在人类自身获得发展的同时充分尊重自然界的发展规律,强调在人与自然的互利互惠中实现永续发展;反映在人与社会之间,就是要求经济、政治、文化、人口等因素形成相互适应、相互促进的发展态势,不断推进社会各领域、各行业、各部门之间的同步协调发展。每一个时代都必然会面临发展的诸多难题,而不同时代的矛盾特征又会发生新的变化。当前,中国特色社会主义建设已步入克难攻坚阶段,每前进一步我们都会面临新矛盾、新问题与新挑战。强调发展的平衡性和协调性,就是要在改革实践中既要善于抓住主要矛盾和矛盾的主要方面,把握矛盾的特殊性,同时又要善于运用普遍联系的系统论观点来分析矛盾解决问题,在发展实践中做到协调各方、统筹兼顾、总揽全局,使发展更为充分,获得更高质量。

在改革开放之初,我们过于强调经济建设在发展体系中的优先地位,而容易忽视经济、政治、文化、社会、生态协调发展的重要性,导致了发展的不平衡与不充分。在人民日益增长的美好生活需要和不平衡不充分的发展之间的矛盾成为社会主要矛盾的今天,必须要着重突出平衡发展、充分发展的价值地位。随着社会经济的不断发展,人们的思想更加解放、个性更加丰富,其对"美好生活"的需要和向往也不再仅仅表现为对物质经济生活的需要,而是更突出地体现为对民主政治、社会事业、精神文化等多元化、多层次的需求。因此,新时代发展理念就是要在保证经济效益地位的同时,强调民主政治、文化繁荣、生态和谐与精神文明建设的重要性,突出社会、经济、人口、资源、环境协调发展的方法论作用,在讲原则、讲方法的前提下,走出一条生产发展、生活富裕、生态良好的平衡发展与充分发展的道路,加快实现社会的公平正义和人的自由全面发展。

三、以满足人民美好生活需要为旨归:如何评价发展

新发展理念强调以人民为中心,就是要在社会发展中使人的尊严得到应有关注、权利得到公正保障、各方面需求得到不断满足,将人从各种异化和限制中解放出来,不断促进人的自由而全面的发展,这也是美好生活最为本质的内容。步入中国特色社会主义新时代,广大人民的主体意识日益增强,对美好生活的向往更加迫切。突出人民的主体地位,就是要改变以往"贵物轻人"的发展思路,给予人的需求以更多关注,满足人民群众对美好生活的向往,不断实现好、维护好、发展好最广大人民的根本利益,做到发展为了人民、发展依靠人民、发展成果由人民共享。

马克思从人的对象化活动出发来探寻人的本质,将人解读为处在一定社会关系中的现实主体。对于"现实的人"而言,物质需要的满足始终是其得以存在发展的基本前提。"一切人类生存的第一个前提,也就是一切历史的第一个前提,这个前提是:人们为了能够'创造历史',必须能够生活。但是为了生活,首先就需要吃喝住穿以及其他一些东西。因此第一个历史活动就是生产满足这些需要的资料,即生产物质生活本身"①,因此,对于具有各种现实生存需求的个体而言,美好生活首先意味着"吃喝住穿"等基本需

---

① 中共中央马克思恩格斯列宁斯大林著作编译局. 马克思恩格斯文集:第一卷[M].北京:人民出版社,2009:531.

要的不断满足,只有当这些最基本的生活需要获得必要保障时,人们的生存、生产、生活才能得以展开,人作为实践主体的本质力量才能得到充分而全面的发挥。然而,中国作为世界上人口基数最大的国家,在保障基本民生领域还存在着不少短板,群众在就业、教育、医疗、居住、养老等方面依然面临着不少难题,这些基本问题得不到及时合理解决,美好生活就难以得到真正实现。新发展理念的提出就是要在经济社会步入转型期、深水期、攻坚期之后,针对我国当前不平衡不充分发展的现实作出有力回应。其目的就是要给予广大人民最关心、最直接、最现实的基本生活需求以更加突出的关注,通过不断深化改革,推进创新驱动,提高经济发展质量和效益,更加充分地满足人民群众各方面的民生需要,为人民的安居乐业和国计民生提供最基本的物质文化基础,稳步推进共同富裕,为人民美好生活的满足与人的自由而全面的发展创造丰富的条件。

从历时性维度看,人民的美好生活需要又是一个处在产生和满足相互交替无限推进的过程之中。"已经得到满足的第一个需要本身、满足需要的活动和已经获得的为满足需要而用的工具又引起新的需要,而这种新的需要的产生是第一个历史活动。"①每一代人有每一代人的生活需要,不同的个体在人生的不同阶段也必然会有不同的需要特征。正是在这种需要产生与满足的动态过程中,人类不断改造着人与自然界、人与社会、人与自身之间的关系。一定阶段的美好生活需要推动着人们通过实践改造活动创造出一定程度的美好生活条件,但新的生活现实又总是会产生出更高层

---

① 中共中央马克思恩格斯列宁斯大林著作编译局.马克思恩格斯文集:第一卷[M]
北京:人民出版社,2009:531-532.

次的需要。"正如人的需要具有无限增多、无限多样的性质一样，各种需要的提出、实施和满足，也就意味着人们趋向于自身的自由而全面的发展。因此，自由而全面的发展也就是人的最高需要，或者说是人的各种需要的总和。"①美好生活需要的历史性特征决定了其必然是一个渐进性、动态性和历史性的过程。一方面，发展实践要立足国情、立足经济社会发展水平来思考设计，经历从低级到高级、从不均衡到均衡的过程；另一方面，又必须以历史的、发展的眼光来看待人民的美好生活需要，通过推进改革和驱动创新，不断地更好地满足人们日益发展的多元化需要。

好的发展要有好的目标作为指引，追求人的解放和自由全面发展是马克思主义发展观的理想志趣，也是新发展理念的理想旨归。社会主义作为对资本主义的辩证扬弃，其优越性不仅应表现在其具有更高的社会生产效率，更应体现在其具有更高的公平正义性、能够更加充分地满足人民群众的美好生活需要和更有利于促进人的自由全面发展等方面。在新时代，新发展理念必须要始终关注人的多维发展需求，更加突显人在社会发展中的主体性，不断推进社会发展与人自身发展的有机统一。同时，又必须要看到，社会发展是在生产力与生产关系矛盾运动的推动下，由无数具体发展阶段与节点构成的有机整体。在不同的历史阶段，社会发展实践必然会呈现出不同的现实样态，产生不同的发展需求与价值取向。新发展理念既要以当下社会的发展需要为出发点，又要以实现远大理想追求为归宿点，合理把握眼前利益与长远利益、阶段目标与理想目标的辩证关系。同时还要"立足当下"，彰显时代所

---

① 刘荣军.论人的需要与人的全面发展：对马克思《1857—1858 年经济学手稿》的一种解读[J].西南师范大学学报（人文社会科学版），2005(6):52.

特有的价值关注、价值追求，做到"不忘初心"，始终坚持把人民美好生活的实现与人的自由全面发展作为发展目标，推进眼前利益与长远利益、阶段目标与远大理想的内在统一。

第二节　新发展理念的现实回应

发展与现代性密切相关，发展过程在某种程度上就是实现现代化、获取现代性的过程。作为后进入工业化时代的发展中国家，中国用 40 多年的时间走过了西方近 300 年的工业化历程，这也意味着当代中国要在短短数十年的发展实践中面对西方几百年现代化进程中产生的诸多矛盾和困境。这意味着当代中国社会发展必然具有更高的复杂性和风险性，因此要做好充分应对人与自然、人与社会、人与自身等多重矛盾和问题集中呈现的准备。当前，中国的现代性建构处在一个特殊的历史时期，它必须"在前现代、现代和后现代，封建主义、资本主义和社会主义，人对人的依赖、人对物的依赖和人的自由个性等诸多'时空压缩'复杂境遇下开展"[①]。这暗示了中国在追求现代化和促成经济高速发展的同时，要时刻反思所导致的诸多发展困境，这些困境集中反映在发展的单向度、透支性与数量式等特征中。新发展理念强调以发展的全面性应对单向度发展，以发展的可持续性应对透支性发展，以发展的内涵性应对数量式发展，通过对发展的目标、内容、手段、原则等进行调整和完善，提升发展的全面性、永续性与内涵性。

---

① 张艳涛.历史唯物主义视域下的"中国现代性"建构[J].哲学研究,2015(6):23-24.

一、以发展的全面性应对单向度发展

新发展理念内含发展的全面性要求,发展并不是一个可以脱离社会系统而孤立的过程,应当从社会进步的历史进程和社会生活各个领域的相关作用场和坐标系中确定发展的本质。新发展理念基本的文化态度应是整体发展、多样共存与生态和谐,单向度的GDP增长并不代表全方位的社会成长。单向度发展是一种缺乏否定、批判与超越能力的发展方式,这一发展方式过多关注物质生产力的极大增长、财富的无限积累,将人的需要、情感、选择、自由等价值及对坏境容量的考虑等置于资本逻辑的演绎之中。GDP主义、效率中心主义、发展中心主义等都是单向度发展的外在表现,它们将生产物质财富的"生产力"作为衡量社会发展的唯一尺度,没有意识到财富生产系统背后所隐藏的日益积聚的社会风险,如主体异化、贫富差距扩大、生态环境恶化、不安全感增强等。

新发展理念要求用发展的全面性应对单向度发展的现实困境,这是当前中国发展过程中面临的一大历史课题,其实质是通过实现包容性发展改变线性发展的现实。包容性发展理论将发展的全面、平等与公正视为发展的核心价值,强调发展主体的全民参与、发展内容的全面完整、发展过程的机会均等与发展成果的利益共享。"全面建成小康社会,强调的不仅是'小康',而且更重要的也是更难做到的是'全面'。'小康'讲的是发展水平,'全面'讲的是发展的平衡性、协调性、可持续性。"①尽管不同的发展理念所呈现的价值立场和价值排序各不相同,研究者们都从各自的视角探究发展的合理性与价值所在,却都不约而同地指向了新发展理念

---

① 习近平.习近平谈治国理政:第二卷[M].北京:外文出版社,2017:78.

的内在要义,即人类发展必须内含的综合性、包容性、整体性与公平性。在新时代,"面对中国经济发展进入新常态、世界经济发展进入转型期、世界科技发展酝酿新突破的发展格局,我们要坚持以经济建设为中心,坚持以新发展理念引领经济发展新常态,加快转变经济发展方式、调整经济发展结构、提高发展质量和效益,着力推进供给侧结构性改革,推动经济更有效率、更有质量、更加公平、更可持续地发展,加快形成崇尚创新、注重协调、倡导绿色、厚植开放、推进共享的机制和环境,不断壮大我国经济实力和综合国力"①。也就是在坚持发展经济同时,要以更具系统性、全面性、包容性的思维实现个体、自然与社会三者间的协调全面发展,不断提升对当代中国发展异化与价值失序问题的认知,从而立足中国现实,反思当前中国发展的模式,聚焦其主要的发展困境,实现现代性建构过程中人与自我、人与自然、人与社会、人与世界的内在和谐与外在有序。

二、以发展的可持续性应对透支式发展

新发展理念内含发展的可持续性要求。发展并不是一个只着眼于当下的发展却不兼顾未来社会发展能力的短期行为,应当在整个人类历史的演进过程中结合历史维度与人本维度来把握发展的本质。新发展理念力求达成以人为本、人与自然和谐共生的社会共识。而透支式发展却是一种以自然资源、劳动者生命的大规模开采和耗竭为前提的不可持续的发展方式,它将科学理性与技术理性奉为一种绝对律令,借助现代技术与资本力量一味地加重资源环境的负荷,挑战劳动者的工作承受力,破坏生产自然产品的

---

① 习近平.习近平谈治国理政:第二卷[M].北京:外文出版社,2017:38.

自然生产力与人类自我生产的人口生产力的可持续性,自然生产与人口生产的内在价值被同化为狭隘的物质生产的有用性与效用性,马克斯·舍勒把这种有用价值凌驾于生命价值、工具价值取代内在价值的状况称为"价值的颠倒"。很显然,在这样的情况下,社会实现持续发展的前提与条件便不复存在。

我国当前的发展更多停留在劳动密集型与经济粗放型的阶段,自主创新动力不足,仍然依赖大规模、低成本的生产要素投入,这就不可避免地需要通过对自然资源的过分开采来满足当代社会发展的需要,而这客观上却损害了后代人的发展权益。后代人尚未出场,其利益的行使与权利的维护只能依赖当代人的观念与行为,后代人的权利必须由当代人来代理,由当代人按照公平的原则进行分配①,也即从代际公平的伦理维度克服权利与责任分配的冲突,避免当代人获得发展的垄断权。一旦后代人的社会发展权益受限,当代人的价值意义便无从实现,因为"我们不仅仅是我们的个人特征和才能,不仅仅是一个与共同体割裂的孤立原子,正是在共同体中,我们的存在、我们的特征,以及我们的才能才获得了意义"②。在这个共同体中,确立每一个个体对于他者的道德责任,是我们彼此成就对方、实现共享认同的基本前提。

因此,新发展理念强调新时代中国社会的发展需要是协调、健康与可持续的发展,在发展实践中树立建设生态文明的强烈意识。"全面小康社会要求经济更加发展、民主更加健全、科教更加进步、文化更加繁荣、社会更加和谐、人民生活更加殷实。要在坚持以经

①　廖小平.伦理的代际之维:代际伦理研究[M].北京:人民出版社,2004:217-227.

②　罗伯特·所罗门,凯思林·希金斯.大问题:简明哲学导论[M].9版.张卜天,译.桂林:广西师范大学出版社,2014:270.

济建设为中心的同时,全面推进经济建设、政治建设、文化建设、社会建设、生态文明建设,促进现代化建设各个环节、各个方面协调发展,不能长的很长、短的很短。"[1]

新发展理念强调以发展的全面性、系统性与可持续性应对当前的透支性发展困境,其要求新时代发展实践必须承担起对后代人的责任。在这里,我们要区分"共享"与"占有"的区别。"共享"意味着承担社会责任,我们必须承担起后代人不劣于我们所享有的生存与发展环境的责任,人与自然、代内与代际等关系的伦理省思是"共享"的应有之义,"共享"的范围与内容要以生态系统的可持续性发展为限度,而"占有"却忽略了"自然生产力"在隐藏生态风险的现代社会中日益表现出的与物质生产力的同等地位和重要性[2]。

三、以发展的内涵性应对数量式发展

新发展理念坚持质量与效率并重原则,它关注发展的价值导向,蕴含更多的社会内涵,如经济增长的稳定性与持续性、政治制度的合理安排与运行、社会财富的公平分配、自然环境的可持续性发展等,进一步强调系统内部要素的优化与整体结构的完善。而数量式发展是一种只求数量不求质量、相对于内涵式发展的一种发展方式,它以 GDP 总量和排名为基本指标,将财富的单一性增长作为评价社会的唯一评价体系,忽视政治文化条件与共同幸福生活的伦理。短时间内的批量生产所造成的物质财富的激增并不是内涵式发展的旨归,大量的生产与分配活动占据个体的全部身

---

① 习近平.习近平谈治国理政:第二卷[M].北京:外文出版社,2017:78-79.
② 参见刘森林.重思发展:马克思发展理论的当代价值[M].北京:人民出版社,2003:61-75.

心，个体近乎机械化的存在日益表现出单向度的思想和行为模式。新发展理念的高质量的内涵式要求与数量式发展存在着发展目的上的根本分歧，即物质的简单丰裕并不等同于良好生活，发展的终极目的是社会公共善的彰显、社会公平正义之实现和人的自由而全面的发展。

中国的现代化发展过程注重全体人民发展权利的维护，但这并不必然推出在经济社会取得丰裕的发展成果之后，分配正义就一定会实现的结论。如何在坚持发展为了人民、发展成果由人民共享中作出更有效的制度安排，使全体人民在共建共享中有更多的获得感，这需要重新审视财富的分配正义、财富的社会公益与发展责任的共同承担等问题。马克思阐述的"异化"概念包含了发展成果共享的现实要求，发展成果若不是被人民所共享而成为一种异己的、与人相对立的东西，那么就会导致物质凌驾于人的价值主体之上，导致人与物处在一种倒置的"异化"关系当中。在这种关系中，人们感受到的只能是被剥夺感、异化感和无力感。新发展理念强调发展的内涵性，要求对发展成果实现利益共享与公平分配，用于以改善民生为主的社会建设，使全体人民的主体权益在公平正义的发展实践中得到切实保障。

在中国特色社会主义建设中，共同富裕的本质首先表现为各阶层平等参与现代化进程，共同享有现代化发展成果，换言之，提高作为发展主体的各阶层共同建设现代化的能力是实现共同富裕和社会和谐的首要前提。对此，阿马蒂亚·森认为，作为主体的个人是"福利"与"主观能动"、"成就"与"自由"的统一，"自由"与"主观能动"占有更为基础的地位，"我们应该用一个人所拥有的自由来代表他的利益，而不应该用（至少不能完全用）一个人从这些自由中所得到的东西(福利的或主观能动的)来代表他的利益"[①]。为此,收入水平、粮食供给等同质性度量的分配方式在阿马蒂亚·森看来都不能解决根本问题,因为贫困不单纯是一种量化维度的供给不足,还是一种权利不足,只有真正保障人的基本权利,实现可行能力的增长才是新发展理念的题中之意。因此,面对当代中国发展的数量式困境,新发展理念意在保障各阶层尤其是弱势群体共同参与现代化建设的权利与能力。

中国现代化建设中的共建共享问题最终以共同善的价值追求为道德共识,在情感、信念、道德、价值等方面处于互相同意与承认的共享状态是实现共建共享,进而达到社会正义的有效途径。中国当前贫富差距扩大、生态环境恶化、共同价值缺失,人们更多地感受到的是相对被剥夺感,以及由不确定性和风险性所引发的生存焦虑感,而不是个体自我创造、自我肯定的自豪感和尊严感。党的十八届五中全会强调,要使全体人民在共建共享中有更多的获得感。获得感作为一种心理体验,与尊严感的发生机制类似,它产生于自己是这个社会共同体中的一员,是进行着独立创造、有独特贡献的一员的自我认知,并持续于对按实际贡献来获得经济社会改革发展成果的良序社会的认可。在共建共享中坚持维护个体的尊严是保障现代化建设朝着人民所向往的美好生活前进的基本价值准则。

当代中国发展的三大困境暗示着传统的发展观是一种缺乏伦理关怀与道德规范的发展文化心态,它将发展的主体与客体、目标与手段、个体与共同体相割裂,在发展实践中日益呈现出单向度、透支式、数量式等特点,在发展结果上则是陷入物质的丰裕与资源

---

① 阿马蒂亚·森.伦理学与经济学[M].王宇,王文玉,译.北京:商务印书馆,2000:50.

的匮乏、财富的富足与人民幸福感降低的二元悖论。这些发展异化现象呼求着新发展理念的时代出场。发展的核心价值理念的差异彰显了不同的价值原则在发展中的优先性及在实践中的价值观倾向,新发展理念所内含的发展的全面性、可持续性、内涵性等要求,体现当前中国全国决胜脱贫攻坚、全面建成小康社会、全面深化改革的时代要求,更与当代中国发展的时代精神、实践理性与价值取向相契合。

第三节　新发展理念的时代命题

新发展理念的提出,以当下中国所处的历史方位与社会现实作为具体情境,旨在厘清发展实践的本源性、基础性、紧迫性,进而构建起科学合理的发展理念图谱。随着社会发展实践的不断深入,我们必须要反思现存社会占据支配地位的发展理念的合法性基础,并且对未来发展中诸多发展理念的相对合理性进行判断与评价,分析众多发展理念之间的内在关联与相互影响。对于适应社会需要的发展理念,要根据其所具有的价值层级进行科学定位,对于可能导致某些风险的发展理念要做到准确评估与必要清理。

当下中国社会正处于重大转型时期,新旧发展理念并存,均在发展实践中彰显着各自的价值原则,这些价值原则必然会存在不同程度的矛盾与摩擦。新发展理念的制定与提出,必须要在多种发展理念之间建立起一种平衡矛盾、多元统一的价值体系,支撑起中国社会发展的全局,确保社会发展实践能够科学有序、高效合理地进行。贯彻和落实新发展理念,"要加强对新发展理念的学习,结合历史学,多维比较学,联系实际学,深入把握新发展理念对发展经验教训的深刻总结,深入把握新发展理念对经济社会发展各项工作的指导意义,真正做到崇尚创新、注重协调、倡导绿色、厚植开放、推进共享"①。针对新矛盾、新问题、新需求,新发展理念表达出新时代中国社会发展的现实诉求。

一、创新高效、优质永续的现实诉求

唯物史观认为,生产力的发展是社会进步的决定因素,而在不同的社会时期,生产力提高所依靠的发展动力却有着本质性的不同。所以马克思说:"手推磨产生的是封建主的社会,蒸汽磨产生的是工业资本家的社会。"②生产力的发展决定生产关系的变迁,而发展动力则是生产力发展的决定性要素。在改革开放之初,由于经济发展水平落后,改善人民的物质生活状况是中国发展最现实、最紧迫的需求。在此阶段,社会发展只能以对资源环境的消耗和廉价劳动力的投入作为主要动力,以实现经济的快速发展。然而,随着新科技革命和产业革命的汇聚发展,特别是第四次工业革命和第二次机器革命向纵深推进,科技进步已成为当今社会生产力发展的决定性因素,创新成为世界发展最为核心的驱动引擎。中国正值步入全面建成小康社会的决胜阶段,如果继续坚持以高投入、高消耗作为核心发展动力,靠粗放型发展方式驱动经济的高速发展,就势必会继续走原来的老路,产生诸多新的矛盾和问题,为社会发展遗留下诸多不利影响。在当前形势下,中国社会一项最迫切的任务就是要实现由粗放型发展模式转向以科技为引领、

---

① 习近平.习近平谈治国理政:第二卷[M].北京:外文出版社,2017:219.

② 中共中央马克思恩格斯列宁斯大林著作编译局.马克思恩格斯文集:第一卷[M].北京:人民出版社,2009:602.

以人才为支撑、以创新为驱动的新型发展模式,加快实现发展的科学性与永续性。

在当今时代,科技创新已成为引领各国发展的核心竞争力。然而,创新能力不强,科技发展水平总体不高,科技对经济社会发展的支撑能力不足,是目前中国社会发展最突出的"阿喀琉斯之踵",是我们不可回避且要重点解决的突出问题。创新不足是我国当前发展中许多困境和难题的根源所在,其具体表现在正面临着深刻的供给侧、结构性、体制性矛盾。为此,必须要做到锐意改革、大胆创新。以解放思想、实事求是、与时俱进的态度,坚持践行创新、协调、绿色、开放、共享的新发展理念,"在理论上作出创新性概括,在政策上作出前瞻性安排,加大结构性改革力度,矫正要素配置扭曲,扩大有效供给,提高供给结构适应性和灵活性,提高全要素生产率"①。科技创新搞不好,就无法实现发展动力的转变,就必然会在全球化发展浪潮中失去自身的优势。在当前形势下,中国社会的不少行业产能已达到峰值,出现产能不减、价格疲软等问题,致使企业发展受到一定制约。要保持企业的优质增长态势,就必须着力培育和增强增长动力,通过发展创新技术,化解产能过剩问题,即"要发挥创新引领发展第一动力作用,实施一批重大科技项目,加快突破核心关键技术,全面提升经济发展科技含量,提高劳动生产率和资本回报率;要抓好职业培训,提高人力资本质量,优化人力资本结构"②。因此,当代中国发展必须将创新作为引领社会发展的第一动力,把人才作为支撑发展的第一资源,把创新摆在国家发展全局的核心位置,在发展实践中不断创新发展观念与

① 习近平.习近平谈治国理政:第二卷[M].北京:外文出版社,2017:241.
② 习近平.习近平谈治国理政:第二卷[M].北京:外文出版社,2017:243.

发展方式,统筹推进理论创新、制度创新、科技创新、文化创新,突出创新在发展全局中的核心价值地位,以实现经济社会优质高效、健康永续的科学发展。

二、协调全面、绿色开放的现实诉求

发展不协调是中国社会发展长期以来始终存在的问题,其突出表现在区域协同、城乡一体、经济与社会、经济与生态、物质与精神等多重矛盾关系之中。在以往的发展实践中,我们更多地注重对人们物质需求的满足,而相对忽视人的多维度需要。在新时代,人们的需求正日益呈现出多元性、多样性、多层次的特征,为此,"我们要在继续推动发展的基础上,着力解决好发展不平衡不充分问题,大力提升发展质量和效益,更好满足人民在经济、政治、文化、社会、生态等方面日益增长的需要,更好推动人的全面发展、社会全面进步"。① 一方面,人民美好生活的实现与人的全面发展都离不开良好的生存栖居环境,只有始终坚持绿色发展的原则,我们才能够真正走上生产发展、生活富裕、生态良好的文明发展道路,才能让美好生活的实现与人的全面发展建立在现实的平台基础上,才能始终保持经济社会健康永续的科学发展。"推动形成绿色发展方式和生活方式是贯彻新发展理念的必然要求,必须把生态文明建设摆在全局工作的突出地位,坚持节约资源和保护环境的基本国策,坚持节约优先、保护优先、自然恢复为主的方针,形成节约资源和保护环境的空间格局、产业结构、生产方式、生活方式,努力实现经济社会发展和生态环境保护协同共进,为人民群众创造

---

① 习近平.决胜全面建成小康社会 夺取新时代中国特色社会主义伟大胜利:在中国共产党第十九次全国代表大会上的报告[M].北京:人民出版社,2017:11-12.

良好生产生活环境。"①

　　另一方面,当今的世界更加多元、开放和融合,经济全球化、政治多极化、社会信息化、文化多样化深入发展,各国联系日益紧密,推动全球治理体系改革和构建人类命运共同体已成为大势所趋。为此,必须要长期坚持对外开放的基本国策,发展更高层次的开放型经济,充分发挥内因与外因的联动作用。"扩大对外开放,要更加注重推进高水平双向开放。要奉行互利共赢的开放战略,坚持内外需协调、进出口平衡、引进来走出去并重、引资引技引智并举,积极参与全球经济治理和公共产品供给,提高我国在全球治理中的制度性话语权。"②同时,要辩证把握开放与自主、竞争与合作、引进来与走出去、内部投资与外部投资、内部发展与对外开放等多种矛盾关系,只有以更加开放的胸怀和视野来拥抱世界,以扩大开放带动创新,推动改革,促进发展,才能为创新发展、协调发展、绿色发展营造出更好的内部与外部环境。

　　由此,新发展理念必须要突出强调发展的协调性、绿色性、开放性,就是要在科学发展经济效益的同时,强调扩大开放与合作共赢的发展思路,强调不断推进民主政治、文化繁荣、生态和谐与精神文明同步建设的重要性,以满足人民美好生活的多维度需求,加快实现社会公平正义与人的自由全面发展。"推动经济发展,要更加注重提高发展质量和效益。衡量发展质量和效益,就是投资有回报、产品有市场、企业有利润、员工有收入、政府有税收、环境有改善,这才是我们要的发展。合理的经济增长速度是要的,但抓经济工作、检验经济工作成效,要从过去主要看增长速度有多快转变

---

① 习近平.习近平谈治国理政:第二卷[M].北京:外文出版社,2017:394.

② 习近平.习近平谈治国理政:第二卷[M].北京:外文出版社,2017:244.

为主要看质量和效益有多好。"①只有突出协调发展、绿色发展、开放发展的价值地位，才能真正做到统筹城乡发展、区域发展、经济社会发展、内部与外部发展、人与自然的和谐发展，才能切实解决工业化、信息化、城镇化、农业现代化等过程中存在的诸多矛盾难题，为实现美好生活奠定坚实的发展基础。

三、尊重主体、共建共享的现实诉求

马克思主义高度重视人在社会发展中的价值主体地位，强调人的能动性对社会发展的重要作用。"正是人，现实的、活生生的人在创造这一切，拥有这一切并且进行战斗。并不是'历史'把人当作手段来达到自己——仿佛历史是一个独具魅力的人——的目的。历史不过是追求着自己目的的人的活动而已。"②人既是推动社会发展的实践主体，又是享受发展成果的价值主体，是社会物质财富与精神财富的创造者与享有者。因此，人是一切发展的最高价值目标，新发展理念突出人在社会发展中的价值主体地位，强调以人民为中心的发展思想，彰显人民至上的发展价值观。"经济社会发展是人的发展的手段，人的发展则是经济社会发展的目的。人的多层次需要的满足，人的各种潜能的发挥，人的整体素质的提高，人的自由全面发展，是发展所应追求的最高价值。"③

中国特色社会主义进入新时代开启新征程，人民的主体性意识日益提高，对美好生活的向往更加迫切，在民主、法治、公平、正义、安全、环境等方面的要求不断增长。突出人民的主体地位，就

---

① 习近平.习近平谈治国理政:第二卷[M].北京:外文出版社,2017:242.
② 中共中央马克思恩格斯列宁斯大林著作编译局.马克思恩格斯文集:第一卷[M].北京:人民出版社,2009:295.
③ 杨信礼.新发展理念的价值意蕴[M]//中国辩证唯物主义研究会.马克思主义哲学论丛(2016年第3辑,总第20辑).北京:社会科学文献出版社,2017:274.

是要改变以往"见物不见人"的发展思路,还人以真正的主体地位,对人的需求给予更多关注。一方面,进入发展攻坚阶段后,面对社会转型期出现的诸多矛盾和复杂问题,只有充分调动和发挥广大人民的力量才能够对其加以有效解决,继续保持良好的发展态势。因此,必须强调发展依靠人民的重要性,突显人民群众的实践主体地位,充分调动全体人民的积极性、主动性和创造性,将人民作为推动社会发展建设的根本力量。另一方面,要强调发展为了人民,发展成果由人民共享的重要性,将广大人民的利益作为发展的根本目的,强调人民群众的价值主体地位。发展理念必须坚持发展为了人民、发展依靠人民、发展成果由人民共享的根本原则。既要注重提高社会发展效率,同时又要实现社会的公平正义,做到发展成果由人民公平享有,也就是不仅要以速度、规模、总量作为衡量标准,而且要以质量、效益、公正、共享、健康、持续作为社会进步的价值尺度。只有发展成果由人民共享,才能切实提高人民的生活质量,才能不断满足人们日益发展的多层次需求,才能满足其对美好生活的渴望与向往,在共建共享中不断推进人与社会的全面发展。

◆◆ 案例 2-1

新发展理念指导下的"雄安新区"

以规划建设雄安新区为例,在党中央的领导与号召下,雄安新区建设工作正在稳步推进。建设雄安新区的重点任务包括:"一是建设绿色智慧新城,建成国际一流、绿色、现代、智慧城市。二是打造优美生态环境,构建蓝绿交织、清新明亮、水城共融的生态城市。三是发展高端高新产业,积极吸纳和集聚创新要素资源,培育新动能。四是提供优质公共服务,建设优质公共设施,创建城市管理新样板。五是构建快捷高效交通网,打造绿色交通体系。六是推进体制机制改革,发挥市场在资源配置中的决定性作用和更好发挥政府作用,激发市场活力。七是扩大全方位对外开放,打造扩大开放新高地和对外合作新平台。"①

案例来源:习近平.习近平谈治国理政:第二卷[M].北京:外文出版社,2017:238.

案例简析 》》》

雄安新区的规划建设,是在新时代牢固树立和贯彻落实新发展理念的典型案例。这一案例,在把握引领经济发展新常态,以推进供给侧结构性改革为主线的前提下,"坚持世界眼光、国际标准、中国特色、高点定位,坚持生态优先、绿色发展,坚持以人民为中心、注重保障和改善民生,坚持保护弘扬中华优秀传统文化、延续历史文脉,建设绿色生态宜居新城区、创新驱动发展引领区、协调发展示范区、开放发展先行区,努力打造贯彻落实新发展理念的创新发展示范区"②。雄安新区的规划与建设,集中将创新、协调、绿色、开放、共享的理念综合运用并付诸实践,是对新发展理念追求创新高效、优质永续发展诉求的具体表达与彰显。

◆ 本章小结

创新、协调、绿色、开放、共享新发展理念的提出,是对新时代社会主要矛盾转化的积极回应,其进一步回答了在新时代、新矛盾、新形势下要实现什么样的发展、为谁发展和怎样发展的时代主题,为我国当前乃至今后很长时期内的发展实践指明了方向。新发展理念强调人民美好的生活需要在社会发展中的重要地位,凸

---

① 习近平.习近平谈治国理政:第二卷[M].北京:外文出版社,2017:238.
② 习近平.习近平谈治国理政:第二卷[M].北京:外文出版社,2017:238.

显以人民为中心的发展价值观,注重解决不平衡不充分发展的现实矛盾。新发展理念强调以发展的全面性应对单向度发展,以发展的可持续性应对透支性发展,以发展的内涵性应对数量式发展,通过对发展的目标、内容、手段、原则等进行调整和完善,提升发展的全面性、永续性与内涵性。学习和贯彻新发展理念,必须要把握新发展理念对经济社会发展各项工作的指导意义,真正做到崇尚创新、注重协调、倡导绿色、厚植开放、推进共享,在多种发展理念之间建立起一种平衡矛盾、多元统一的价值体系,确保社会发展实践能够科学有序、高效合理地进行,支撑和统领中国社会发展全局。

◆◆ **思考题**

1.为什么说新发展理念的提出是对新时代社会主要矛盾转化的积极回应?

2.如何理解"以人民为中心"是新发展理念的根本价值立场?

3.当前我国社会面临着哪些发展困境?新发展理念对这些发展困境作出了怎样的回应?

◆◆ **拓展阅读**

1.习近平.决胜全面建成小康社会　夺取新时代中国特色社会主义伟大胜利:在中国共产党第十九次全国代表大会上的报告[M].北京:人民出版社,2017.

2.乌尔里希·贝克.风险社会[M].何博闻,译.南京:译林出版社,2004.

3.廖小平.伦理的代际之维[M].北京:人民出版社,2004.

4.罗伯特·所罗门,凯思林·希金斯.大问题:简明哲学导论[M].张卜天,译.桂林:广西师范大学出版社,2014.

5.刘森林.重思发展:马克思发展理论的当代价值[M].北京:人民出版社,2003.

6.赫伯特·马尔库塞.单向度的人[M].刘继,译.上海:上海译文出版社,2006.

7.阿马蒂亚·森.伦理学与经济学[M].王宇,王文玉,译.北京:商务印书馆,2000.

创新、协调、绿色、开放、共享的发展理念不是凭空得来的,而是在深刻总结国内外发展经验教训、分析国内外发展大势的基础上形成的,也是针对我国发展中的突出矛盾和问题提出来的,集中反映了我们党对我国发展规律的新认识。新发展理念,深刻揭示了实现更高质量、更有效率、更加公平、更可持续发展的必由之路,是关系我国发展全局的一场深刻变革。

——摘自《习近平总书记系列重要讲话读本》①

第三章　新发展理念的浙江溯源

◈ 本章要点

1.深刻理解新发展理念在浙江的萌发与探索,通过主旨探索、主体探索、关系探索和实践探索体会新发展理念的形成发展机制,明晰浙江发展过程中的新发展理念意蕴。

2.深刻理解新发展理念在浙江区域治理过程中的主旨探索,重点明晰如何以时代问题引领发展走向,推动区域发展;深刻理解新发展理念在浙江区域治理过程中的主体探索,重点明晰发展如何为了人民、依靠人民,借助人民智慧推动区域发展;深刻理解新发展理念在浙江区域治理过程中的关系探索,重点明晰浙江发展的活力之源在于改革,以发展促稳定,在稳定的社会环境中实现更大发展;深刻理解新发展理念在浙江区域治理过程中的实践探索,

---

① 中共中央宣传部.习近平总书记系列重要讲话读本[M].北京:学习出版社,人民出版社,2016:130.

重点明晰绿水青山如何就是金山银山,如何跳出浙江在更大空间实现浙江更大发展。

新发展理念是改革开放40余年来我国发展经验的集中体现,是习近平总书记关于我国发展目标、发展动力、发展布局、发展保障等新思想、新创见的高度总结。浙江作为中国革命红船起航地、改革开放先行地、习近平新时代中国特色社会主义思想重要萌发地,其历史发展的探索与经验对新发展理念的形成完善具有重要的启示意义。习近平同志在浙江工作期间,着力于发展理念与发展实践的有机统一,着力于发展观对发展道路的方向引领,着力布局和把握浙江在区域发展中的主旨探索、主体依靠、关系处理及实践经验。这些都充分体现了习近平同志在浙江工作期间的创新精神和实干作风,充分体现了新发展理念的浙江意蕴和浙江特色。

第一节　新发展理念的主旨探索:聆听时代声音,回应时代呼唤

浙江在发展过程中一贯坚持的问题意识与问题导向,为确立和理解新发展理念主旨提供了实践智慧与实施路径。问题意识是推动社会发展的动力。聆听时代声音、回应时代呼唤是浙江发展的主旨导向。在克服困难、解决矛盾、将困难转化为机遇的过程中要善于发挥领导干部的主体力量,并以浙江精神激励人心鼓舞斗志。突出的问题意识、强烈的问题导向思考方式是浙江发展的不竭动力,更是浙江彰显新发展理念的实践样本。

一、"问题就是时代的口号"

马克思有一句名言:"问题就是公开的、无畏的、左右一切个人的时代声音。问题就是时代的口号,是它表现自己精神状态的最实际的呼声。"①每个时代总有属于它自己的问题,我国发展的阶段性特征,决定了我们在社会建设过程中面临着许多与其他时代、其他国家所不同的发展问题。问题就是矛盾,而矛盾是推动时代发展的动力。历史经验告诉我们,只有科学地认识、准确地把握、正确地解决这些问题,才能够把我们的社会不断推向前进。中国共产党人干革命、搞建设、抓改革,从来都是为了解决中国的现实问题。当前,中国特色社会主义进入新时代,我们还会遇到各种可预料和难预料的风险与挑战,要坚持问题意识和问题导向,敢于正视问题,敢于解决问题。

问题是推动人类社会发展进步的动力。改革开放以来,浙江发展一直走在全国前列,但是进入新的发展阶段,浙江面临国际国内宏观发展环境的深刻变化,面临市场竞争日趋激烈和自身竞争优势弱化的双重压力,如何改变粗放的增长方式、低层次的产业结构,如何解决经济发展和环境保护间的矛盾,如何扭转城乡差距扩大的趋势都成为浙江发展的难题。2003 年 7 月,时任浙江省委书记习近平针对浙江"先成长后烦恼"的现实挑战,在总结浙江经济多年来发展的经验与存在的问题的基础上,作出"八八战略"的重大战略决策,发挥特长,弥补短板,全面系统地总结了浙江省发展的八个优势,提出了面向未来发展的八项举措,为浙江发展指明了前进方向,提供了根本遵循。

---

① 中共中央马克思恩格斯列宁斯大林著作编译局. 马克思恩格斯全集:第四十卷[M].北京:人民出版社,1982:289-290.

◆◆◆ **案例 3-1**

以问题意识为导向,一张蓝图从城到乡:德清城乡一体化样本

一纸薄薄的户籍,曾是农民和城市之间一道难以逾越的鸿沟。作为浙江省首个获省政府批复同意实施户籍制度改革的试点县,湖州德清从 2012 年起,开始了一场突破城乡二元体制壁垒的改革探索。全县 43 万城乡居民统一登记为"居民户口",沿用了近 60 年的"农业户口""非农业户口"称谓正式退出历史舞台。

先行先试,"户改"树起"德清样板"。户籍的背后,附属着大量的利益。德清县委政研室主任胡国忠说:"统一户籍性质仅仅是标志,其背后附属的利益调整才是衡量户籍制度改革成功与否的关键,这也是'户改'的最大难点。"为此,在充分调研、反复推演的基础上,德清县创造性地提出了"先确权、再户改"的改革思路,在取消户籍划分前,先行对农村土地(林地)承包经营权、村集体资产收益权、宅基地这三项权益进行确权,让改了户口的农民"农村利益可保留、城镇利益可享受",并在充分考虑财政承受能力和公共资源承载能力的基础上,每年新增静态财政投入 7000 万元,逐步消除与户口性质挂钩的政策差异。

农村资产资本化、资源社会化程度一直很低,这是德清发展的一大难题。记者在调查中发现,"户改"给德清农民带来了许多意想不到的红利,激活了"死权",让更多资产变成了"活钱"。新安镇下舍村种粮大户沈炳水承包了 500 亩农田,种植水稻和小麦,村里为他办好了土地流转经营权证。凭着这张证,他从银行贷到了 20 万元。沈炳水说:"我新添置了收割机、插秧机等一批农机设备,一共投入了 40 多万元。这张经营权证,可帮了大忙。"德清县农业部门的数据显示,至 2014 年 11 月底,全县共发放农村土地承包经营权证 79793

本、农村山林承包经营权证 31737 本；登记宅基地 97913 宗、确权发证 92007 宗，农房测绘 75445 户、发证 6638 户；全县 160 个村均完成村经济合作社股份合作制改革，确定股东 300100 人、发放股权证 90700 本。"三权到人、权跟人走"，不仅让德清农民从土地上解放出来，还增加了土地流转分红、集体经济股权分红、房屋出租等财产性收入。至 2014 年 11 月，德清县土地流转率达到 75.2%，位列全市第一，每亩每年流转均价为 1000 元；西部山区农房出租价格每年每幢平均达到 35000 元，带动农民增收 1.83 亿元，人均增收 5937 元。

一张蓝图，从城到乡，德清城乡一体化还体现在教育、医疗、电力、供水等多个方面，德清将以"人的城市化"为核心，进一步健全配套政策体系、加大改革项目落地力度，努力让换了户籍的农村居民真正能够"进得来、安得下、融得进"，成为新时代的德清样本。如今的德清，经济转型升级步入了快车道，城乡统筹、区域协调步伐加快，书写着"八八战略"的新篇章。

案例来源：李晓俊，王力中，韩刚. 湖州德清户籍制度改革一年来的调查[EB/OL]. (2014-12-09)[2019-12-09]. http://zj. people. com. cn/n/2014/1209/c186938-23159092. html.

案例简析 >>>

以问题导向、解发展之难是德清成功的关键。针对发展中面临的城乡差距难题，德清厘清重点，一一破解。在"八八战略"的指引下，致力于促进城乡规划布局、要素配置、产业发展、公共服务、生态保护等方面的相互融合和共同发展，逐步实现城乡居民基本权益平等化、城乡公共服务均等化、城乡居民收入均衡化、城乡要素配置合理化和城乡产业发展融合化，使整个城乡经济社会全面、协调、可持续发展，成为新时代的德清样本。

二、"要把困难当作机遇"

领导干部是攻坚克难,将困难转化为机遇的主体力量。习近平同志特别强调领导干部的重要作用,他在《之江新语》专栏《要把困难当作机遇》一文中指出:"当前,在一些地方的领导干部中,存在着畏难情绪,感到宏观调控加强,要素供给紧张了,特别是严格执行领导责任追究制,工作压力越来越大了。在这种情况下,如何正确引导广大干部认清形势,统一思想,振奋精神,迎难而上,是一个十分重要的问题。"①针对领导干部消极干事,害怕担责,畏缩不前的状况,习近平同志鼓励道:"在困难面前,各级领导干部不应该消极畏难,无所作为,更不能怨天尤人,而应该坚定信心,千方百计克服困难。要视困难为考验,把挑战当机遇,变被动为主动。"②

敢于正视不足,勇于直面困难和挑战,是我们党的优秀政治品格和优良传统。所谓机遇,即有利的时机、条件、环境。它既可以由人类活动的成果自然融合而成,也可以是人的自觉创造。但机遇往往伴随着困难、挑战与风险,困难不会自然转化为机遇,挑战不会自动成为希望,风险也不会自发成为出路,将困难转化为机遇的关键在于人的勇气、智慧与实践力量。在发展转型过程中,尤其需要这样不畏艰难、转危为机的敢为能为的信念和行为。

经过改革开放 40 多年的发展,浙江经济社会发展正进入一个新的困难与机遇并存的关键时期。要保持经济持续、快速、协调、健康发展,面临着一些现实困难,这是改革进入深水区的必然结果。领导干部是把握时代脉搏,解决时代问题的主力军。面对当前社会中存在的困难,领导干部应当既看到挑战又看到机遇,激发

---

① 习近平.之江新语[M].杭州:浙江人民出版社,2007:58.
② 习近平.之江新语[M].杭州:浙江人民出版社,2007:58.

斗志,化压力为动力,化不可能为可能,克难攻坚,奋勇向前,勇于担当民族复兴大任。

◆◆ **案例 3-2**

"今天的难事就是明天的故事"——基层标杆杨玉斌

2019 年 6 月 27 日下午,浙江省嵊泗县花鸟乡党委书记杨玉斌从北京回到浙江。作为第九届全国"人民满意的公务员"中的一员,此次在京受到习近平总书记的接见,杨玉斌倍感温暖。

1987 年,杨玉斌走出故乡重庆的大山来到嵊泗海岛服役,2005 年以营级干部身份转业到嵊泗县安监局,2016 年被任命为花鸟乡党委书记。到地方工作的 14 年里,他退役不褪志,退伍不褪色,依然保持部队敢打硬仗、不畏艰苦的优秀作风。2006 年夏天,黄龙乡南港轧石厂发生一起安全生产事故,当事人被卷进轧石机当场死亡。一听要去现场取证,有些人打起退堂鼓。"领导,让我去吧!"杨玉斌主动请缨。2016 年,杨玉斌迎难而上,接过"任命状",扎根花鸟乡。花鸟乡以岛建乡,仅有 3.28 平方千米的花鸟岛,是嵊泗最远的离岛,常住人口不到 800 人,其中绝大部分是老年人,岛上交通闭塞,环境艰苦。偏远闭塞、缺水长期困扰着花鸟岛,杨玉斌上任的第一件事就是建水库。杨玉斌身板硬朗,皮肤黝黑,他打趣地说这是"花鸟黑","我们这里的干部都这样",杨玉斌说。最忙的时候,在这个不到 4 平方千米的小岛上,有 27 项民生工程同时开工建设。杨玉斌带领机关干部一起"白+黑""5+2"地干,动员协调、任务分解、实地检查都离不开他的身影。现场会筹备期间,杨玉斌每天清早 5 点多就到工程现场,经常忙到深夜甚至第二天凌晨才睡觉。

这是一位军人、一个基层干部对老百姓的温度。在嵊泗县"三改一拆"、美丽海岛建设、小城镇环境综合整治等一系列工作中,杨玉斌创造了无数佳绩,摸索适合花鸟岛可持续发展的新路,先后荣获浙江省"无违建县"创建工作先进个人、浙江省"千村示范、万村整治"二等功、浙江省"最美公务员"等奖项和称号,成为扎根基层、致力乡村振兴战略的优秀标杆和共产党员中的优秀代表。

案例来源:刘浩. 小地方,也有大作为:杨玉斌的 2019 年与新年期盼[EB/OL]. (2020-01-27)[2020-02-27]. http://home. zhoushan. cn/newscenter/zsxw/202001/t202001-27_959581. shtml.

案例简析 >>>

杨玉斌从一名铁血卫国的优秀军人,转型成为一名吃苦耐劳、迎难而上的乡镇干部,14 年的时间,他将部队运筹作战、敢打硬仗、不畏艰苦的优秀作风及工作方法带到地方建设上,将困难当作机遇,化压力为动力,深刻诠释了党员领导干部直面困难、解决问题的责任与担当。

三、"不畏艰难向前走"

世纪之交,经过改革开放多年的实践,浙江经济社会发展走在了全国前列,随着经济的不断发展和规模的日益扩大,浙江在发展中也遇到了很多难题,既有"先天的不足",又有"成长的烦恼",原有的一些优势正在减弱,新的矛盾又在产生,产业结构亟须优化升级,经济增长方式需要从根本上转变。面对当时的困境,习近平同志作出"立足浙江发展浙江""跳出浙江发展浙江"的战略决策,并以"浙商精神"鼓舞斗志,为浙江发展注入强心剂。这显示出不畏艰难的精神力量在民族和国家在战胜困难和实现发展中的重要作用。

不畏艰难、勇于创新的浙商精神是推动浙江发展的不竭动力。

习近平同志在《之江新语》专栏《不畏艰难向前走》一文中指出："浙江之所以能够由一个陆域资源小省发展成为经济大省,正是由于以浙商为代表的浙江人民走遍千山万水、说尽千言万语、想尽千方百计、吃尽千辛万苦……浙商自草根中来,每一位浙商的成长都伴随着克难攻坚的拼搏,每一位浙商都有一部艰苦的创业史。"①曾经的筚路蓝缕、山重水复,又不畏艰难、艰苦创业的浙商为后人留下了宝贵的"四千精神"。

"走遍千山万水"是指浙商敢于向外拓展,接触各地商机,丰富自身阅历。从走街串巷的"鸡毛换糖"到如今小商品全球销售,义乌商人不断进取的精神就是浙江精神的真实写照。"说尽千言万语"是指浙商有满腔的热情与坚持不懈的韧劲,善于说服对方和推销自己,并形成诚实守信的商业作风。"想尽千方百计"是指浙商科学的经营决策:第一是生存,第二是长远发展。克服困难,以长远眼光谋求发展规划,形成集群效应。"历经千辛万苦"是指浙商在逆境中寻求出路,凭借勤奋的精神与务实的态度实现创业梦想。"四千精神"是浙商留下的宝贵财富,更是新时代鼓舞浙江发展的精神动力,为浙江的长远发展增添了智慧与力量,引领浙江在省委省政府的指引下,不畏艰难,开拓创新,开创浙江发展新局面。

◆◆◆ **案例 3-3**

"浙商精神"的缩影

浙江温州,"七山二水一分田",人均耕地仅 0.4 亩,在资源型发展中优势不明显。然而,乘着改革开放的东风,敢为天下先、特

---

① 习近平.之江新语[M].杭州:浙江人民出版社,2007:144.

别能创业的温州人,始终走在全国改革创新的前列,成为创新型发展中的弄潮儿。2018年8月,温州获批创建新时代"两个健康"发展先行区。"两个健康",即非公有制经济健康发展和非公有制经济人士健康成长。温州,正在续写民营经济的新传奇。

家庭工业星火燎原

1980年12月11日,开小杂货铺的姑娘章华妹,从温州市工商行政管理局领到"东工商证字第10101号"营业执照。这是改革开放后,中国第一份个体工商业营业执照。同年,温州在松台街道正式发放1844份个体户营业执照。这批领证者,成为中国第一代个体户。这是温州传奇的开端。缺少优势条件的温州人,大胆创新,不断探索,走千山万水,吃千辛万苦,想千方百计,在中国改革开放之路上,创下一个个"第一"。

从农村家庭工业起步的"温州模式",曾经耳熟能详。一台机器,两三个人,家家户户办工厂,家庭工业如星火燎原。1985年4月,温州家庭工业达13.3万个,从业人员超33.0万人。1987年11月7日,温州市政府颁发全国第一个关于股份合作制企业的地方行政性规定,着力引导家庭工业上规模、上档次、上水平。到1993年,温州股份合作经济发展到高潮,企业数达36845户,占全市企业总数的54.2%。

从家庭工业起步,温州形成多个产业集群,也形成了竞争优势。鞋革、服装、低压电器、眼镜、打火机……到2005年,温州工业总产值在10亿元以上的产业集群有29个,工业总产值达3178亿元,形成"中国鞋都""中国电子元器件生产基地""中国五金洁具之都"等数十个"国字号"工业生产基地。

凭着"温州模式",温州创造了令人瞩目的经济奇迹:从1978

年到 2017 年,地区生产总值增长 412 倍;人均 GDP 增长 248 倍;财政收入增长 575 倍……客观条件不占优势的温州,正是汲取了改革赋予的力量,凭借敢为天下先的精神,成为中国民营经济的先发地。现在,温州民营企业数量占总量的 99.5%,民营经济对GDP 的贡献超过 80%。全市在册市场主体 90.2 万户,其中企业22.3 万户,相当于每 10 个温州人中就有一个经商办企业。"没有改革,就没有温州。温州取得令人瞩目的巨人成就,一切的前提,归功于改革背景,归功于拼搏不息的温州精神。"温州市委书记陈伟俊说。

以"亩均论英雄"

1987 年,杭州市武林广场火烧温州鞋,给温州人当头一棒。痛定思痛,温州自上而下兴起"质量立市"的行动,抓质量、创名牌,温州迎来了一个大发展的时期。

如今,家家点火、村村冒烟的粗放型发展方式早已不见踪影,温州已建成 82 家小微企业园,接纳 3000 多家急需拓展空间的企业。在平阳县万洋小微园,入园企业 3 年内必须达到每亩产值 260万元、每亩税收 20 万元以上,高成长型企业、科技型企业、"机器换人"重点企业等 7 类企业可轻松入园,低小散企业不转型,便没有生存的余地。"搬进这里不容易,必须是无污染、高成长企业。"乾友科技有限公司刚搬进柳市镇苏吕小微园,总经理朱建佑自信地说,有了场地,他有信心保持年均 30% 的增长。

温州市柳市镇是著名的"中国电器之都",低压电器是其支柱产业。"电气行业的景气,是温州制造的缩影。"浙江省电气行业协会秘书长黄忠平说,发展之初,没有铜铁塑料原料、没有技术,柳市镇硬是靠 10 万外出大军找回原料,找到老工人,做出了电线,冒出了正泰、德力西、人民电器等产值百亿级的大企业。现在，还有大量生机勃勃的新一代企业不断涌现。"在柳市镇，产值过亿的企业还算太小，不瞄准高精尖，拿不到标准厂房！"黄忠平说。

温州以深化"亩均论英雄"改革，倒逼企业升级。A级企业供地、用能优先保障并且优惠，考核结果差的企业不但供地可能被收回，用能成本也高出一截。"去年全市关停了5万多家小散企业，整治十几万家，推动发展新旧动能转换。"温州市经信局副局长毛必土说。

"眼前这个小小的断路器不简单，能在没有无线网络的情况下，用声音、手机操作，自动控制所有电源。这款'微断云控'智能断路器，价格比同类产品高出数倍，仍然订单不断。"浙江思创电力科技股份有限公司总经理郑建业说，"我们投入了近千万元研发费用，就是为了早日拿到A级，拿到市里的优惠政策。"

温州引导和支持中小微企业向"专精特新"发展，争当各自细分领域的"单项冠军"和"隐形冠军"。浙江公布的2017年260家"隐形冠军"培育企业名单中，温州市占52家，居浙江省第一。2018年温州申报认定浙江省科技型中小企业1210家，累计5624家，同比增速又居浙江第一。温州的目标是，到2020年，全市培育高新技术企业2000家，科技型中小企业1万家。

"温州制造"创新不断。顾客在电脑上点击喜欢的服装样式，选好颜色、面料，3D模拟试衣系统很快自动生成预览，顾客满意后点击确定，订单自动发送到生产车间，7天后一套定制西服就送到消费者手中了。这样的定制服务，报喜鸟集团的云翼智能制造中心已经实现。

今天的温州，依然是中小微企业、实体经济转型升级的试验田。温州市政府提出："企业围墙之内少干预，政府没事不上门打扰，随叫随到，不叫不到。"仅在 2018 年，温州市就排除了 2212 个企业难题，由营商专员化解。

"义行天下"谱新篇

若问温州企业家，温州人最大的特点是什么，他们会自豪地说："义行天下!"改革开放以来，"义行天下"在温州演化成为诚信战略。不管是当年的"烧鞋"风波，还是 2011 年的金融风波，温州最终都靠信用走出危机。"温州人能把绊脚石变成垫脚石，总结经验教训后再出发。"温州市政府相关负责人说。

诚信的温州精神，内化成了温州文化的一部分。温州是在全国第一个提出将信用作为城市战略的城市，也是在全国第一个设立地方诚信日的城市。2006 年建立的信用信息综合服务平台，已实现市域范围内企业、政府机关、事业单位、社会团体和户籍人口五类主体信用档案全覆盖。2018 年 6 月 10 日，全国首批 30 个守信激励创新城市出台，温州作为典型城市向全国推广信用建设经验。

如今，温州已建立以信用为核心的新型市场监管体系。"'信易贷'项目已为 1.5 万名守信主体提供融资服务，总金额达 10.5 亿元。失信主体在行政审批、招标投标上举步维艰。"温州市金融办副主任余谦介绍。

改革开放以来，温州屡经曲折与艰辛，但奋斗与拼搏的勇气从未衰减，以不断深化改革来破解发展中的难题，从而使温州成为全国改革开放和经济发展的"先行者"和"探路者"。

近年来，敏锐的温州人积极响应"一带一路"倡议，又作为先行军，以大项目带动国际产能合作。约有 38 万人分布在"一带一路"

沿线 57 个国家和地区,牵头建立了 4 个境外经贸合作区。温州民营经济在"一带一路"沿线开枝散叶。

案例来源:顾春.温州:续写民营经济新传奇[N].人民日报,2018-10-14(01).

案例简析 >>>

位于中国东南沿海、浙江省最南端的温州,70 年前只是一个平凡的海边小城,为了摆脱贫困,温州人民凭着"敢为天下先"的探索精神,坚忍不拔地奋力开拓生存空间。40 多年前,乘着改革开放的春风,温州人传承奋勇精神,带着敏锐的商业基因,走过了一条艰难曲折而又灿烂辉煌的征程,创造了温州模式。温州因民营经济挺立时代潮头,成为中国市场经济的发祥地、中国改革开放的探路者。

第二节　新发展理念的主体探索: 为民办实事,旨在为民

新发展理念的萌发和形成离不开广大人民群众的首创精神、奋斗精神和奉献精神。浙江省一直将人民的利益与诉求置于首位,尊重群众首创精神,坚持"从群众中来,到群众中去"的工作作风,相信群众,依靠群众,涌现出一批基层善治的典型。一以贯之坚持为民办实事,领导干部率先表率,心怀百姓,久久为功,体现着新发展理念"一切为了人民"的价值立场。

一、"办法就在群众中"

马克思主义唯物史观认为人民群众是历史的创造者,是物质财富和精神财富的创造者,更是社会变革的决定性力量。马克思说,我们"目的是要建立社会主义制度,这种制度将给所有的人提

供健康而有益的工作,给所有的人提供充裕的物质生活和闲暇时间,给所有的人提供真正的充分的自由"①。中国共产党的宗旨是全心全意为人民服务,这既是中国共产党人群众观的最直接表现,也是中国共产党"立党为公,执政为民"的根本表现。习近平同志多次强调群众观的本质是密切党群关系,他曾在《浙江日报》的《之江新语》专栏《办法就在群众中》一文中指出:"群众的实践是最丰富最生动的实践,群众中蕴藏着巨大的智慧和力量。我们一定要认真贯彻党的群众路线,坚持从群众中来到群众中去,一切相信群众,一切依靠群众,一切为了群众。要解决矛盾和问题,就要深入基层,深入群众,拜群众为师,深入调查研究。"②

　　坚持正确的群众观,积极深入群众调研,尊重群众的创新和智慧,在浙江发展中至关重要。浙江省委省政府的"八八战略"等决策部署,都是在深入调查研究的基础上形成的。调查研究是谋事之基、成事之道。没有调查,就没有发言权,更没有决策权。只有搞清楚实际情况,搞清楚影响发展的突出问题,搞清楚群众所思所盼,才能做到"心中有数、有的放矢"。"调查研究多了,情况了然于胸,才能够找出解决问题、克服困难的办法,作出正确决策,推进工作落实,才能够不断增进与群众的感情。"③因此,群众路线是我们党的生命线和根本工作路线,无论时代如何变化,群众路线这个党的传家宝不能丢。在坚持党的领导下,推动健全党委领导、政府负责、社会协同、公众参与、法治保障的基层社会治理体制,凝聚起基层社会治理的强大合力;把"以人民为中心"作为根本立场,努力满

　　① 中共中央马克思恩格斯列宁斯大林著作编译局.马克思恩格斯文集:第二十一卷[M].北京:人民出版社,1965:570.
　　② 习近平.之江新语[M].杭州:浙江人民出版社,2007:61.
　　③ 习近平.之江新语[M].杭州:浙江人民出版社,2007:61.

足人民群众美好生活新需要，让城乡群众成为基层社会治理的最大受益者、最广参与者和最终评判者。

◆◆◆ **案例 3-4**

基层群众治理样板——武义后陈经验

浙江省金华市武义县后陈村是"后陈经验"的诞生地。"后陈经验"是在习近平同志的持续关怀下建树起来的。后陈村地处武义县江畔，距县城 4 千米，交通便利，水资源丰富，加上村民勤劳肯干，早在 20 世纪 70 年代，已成为远近闻名的"先进村"。然而到了 20 世纪 90 年代，后陈村党员干部却遭遇了空前的"信任危机"。因财务账目不透明，村里的矛盾纠纷不断升级。随着工业园区开发征地和城乡一体化建设的推进，村里 1200 多亩土地被陆续征用，带来了 1900 余万元的巨额资产。"钱放村里到底安不安全？"一时间流言四起。

2003 年 11 月，时任白洋街道工办副主任的胡文法临危受命，到村兼任党支部书记。面对村民的不满，胡文法提出，"选出几位村民代表'看着'这笔钱"。经过集思广益，胡文法尝试着开出了药方——建立了一个村民财务村务监督小组，人员除分管纪检的支部委员和出纳外，由全体村民从非村"两委"（即村党支部委员会和村民委员会）直系亲属的村民中选举党员代表一名、村民代表两名共同组成，监督小组每月对村"两委"的财务支出进行审核公示。2004 年 6 月，后陈村全体村民选举产生了中国历史上第一个基层村务监督委员会（以下简称村监委）——后陈村村务监督委员会。可之后又出现了争议，有人提出，后陈村的村务监督委员会是一个与村民委员会（以下简称村委会）不存在隶属关系的"第三委"，其本身存在的合理性就没有政策法律依据。还有人担心，设立村务监督委员会不符合《中华人民共和国村民委员会组织法》，如果村监委和村"两委"唱对台戏怎么办？后陈村充满乡土味的自主创新之举，究竟是管用的药方还是上不得台面的偏方，一时众说纷纭。

转机出现在 2005 年 6 月 17 日。时任浙江省委书记习近平来到后陈村调研。在听取街道办副主任胡文法的汇报后，习近平同志不仅肯定了他们的做法，还鼓励说，"希望你们进一步深化和完善这一做法，为全省提供有益的经验"。省委书记的话就像一颗"定心丸"，让后陈村人坚定信念，一步一步将村务监督制度落实完善下去，并把探索实践以村务监督为核心的乡村治理机制，概括为"后陈经验"。

2010 年 3 月 8 日，习近平同志参加第十一届全国人民代表大会第三次会议浙江代表团审议，在说到"后陈经验"时指出："这是一个很好的经验，值得广泛推广。"2011 年初，习近平同志批示："建立村务监督委员会，规范村干部用权用钱行为，是密切农村干群关系、维护农村社会和谐稳定的积极举措，也是加强农村基层党风廉政建设和基层民主政治建设的一个有益探索，浙江在这方面的做法可供借鉴。""正是习近平同志的支持鼓励，拨开了后陈人心头的迷雾，为'后陈经验'指明了方向，提供了强大动力。"陈玉球说。后陈村的这项基层民主监督制度，从"全国首创"到"全省覆盖"，直到"全国推广"，写入了《中华人民共和国村民委员会组织法》，两次写入中央一号文件。这个村监委，由当初应急的"治村之计"上升为"治国之策"。

走进后陈村，但见村民服务中心大楼门前的村务公开栏内，经村监委审核公布的账目里，小到买一瓶墨水、胶水等都上墙公布。"村里每月都会召开 3 次村务公开监督会议，公布账目，讨论村民的意见建议,让村民了解每一笔收支。"村里的大小事项,都会挂到有线电视的村务公开频道。村民在家就能查看每一张票据的详情,监督每一笔收支、每一项工程。后陈村还开办了自己的村报——《后陈月报》。村报出刊后,党员们将它分送到村民家中,让村民了解上个月村里的大小事务,财务收支。由此,后陈村实现了村务监督由事后监督向事前、事中、事后全程监督的转变,使各种矛盾有了内部化解的机制,焕发出旺盛的生命力。10多年来,后陈村实现了村党员干部"零违纪",村务事项"零上访"、工程"零拆迁"、不合规支出"零入账"的纪录。村集体经济增长了41倍,村民收入翻了两番,后陈村成了村风和谐、村容洁美、村民富裕的全国民主法治示范村。

案例来源:张佳妍,王美华.后陈经验:演绎"漂亮的村事"[N].农村信息报,2018-07-21(A1).

案例简析 >>>

　　浙江武义后陈村是农村民主监督、村级权力制衡的最早发端地,体现了群众智慧与群众力量。如今,"后陈经验"已从依法监督、规范监督走向精准监督,走出武义、走向全国,成为一个可复制可推广的基层群众治理模板,是政府尊重群众首创精神,从群众中来到群众中去的典型案例。

二、"政声人去后,民意闲谈中"

　　为国为民是中国共产党的执政担当。敢于担当,是中国共产党党员的鲜明政治品格,中国共产党的先进文化与中国优秀传统文化一脉相承,担当精神是共产党人从历史中继承的优秀品质。习近平同志在浙江工作期间,十分注重强调领导干部的责任与担当。他曾在浙江日报《之江新语》专栏《政声人去后,民意闲谈中》

一文中指出，"为'官'一任，就要尽到造福一方的责任，要时时刻刻为百姓谋，不能为自己个人谋。我们要坚持对上负责与对下负责的统一，忠诚于党和人民的事业，恪尽职守，尽心竭力，讲奉献，有作为。既要多办一些近期能见效的大事、好事，又要着眼长远、着眼根本，多做一些打基础、做铺垫的事，前人栽树、后人乘凉的事，创造实实在在的业绩，赢得广大人民群众的信任和拥护"①。

担当是一种责任。有权必有责、有责要担当，要做到在其位谋其政，领导干部要倍加珍惜党和人民的信任与期待，倍加珍惜为党和人民工作的机会与舞台，全心全意为党分忧、为国尽责、为民奉献。对于定下来的工作部署，要一抓到底，善始善终，防止一阵风。习近平同志在中央党校县委书记研修班学员座谈会上的讲话中曾指出："一个县里，规划几年一变，蓝图几年一画，干不成什么事。要有'功成不必在我'的境界，一张好的蓝图，只要是科学的、切合实际的、符合人民愿望的，就要像接力赛一样，一棒一棒接着干下去。"②

为民谋利，久久为功，是浙江省委省政府一贯坚持的工作作风。"八八战略再深化，改革开放再出发"是新时代浙江发展的主题，也是浙江历届领导干部坚持一张蓝图绘到底、为民谋利的真实写照。习近平同志在浙江工作期间，围绕改革、创新、协调、绿色、开放、共享及文化等方面进行了一系列前瞻性的思考和探索，作出了"八八战略"等重大决策部署。2003 年以来，浙江历届省委省政府把"八八战略"作为引领浙江发展的总纲领、推进浙江各项工作

---

① 习近平.之江新语[M].杭州:浙江人民出版社,2007:25.

② 习近平.做焦裕禄式的县委书记[EB/OL].(2015-09-09)[2019-12-08].http://www.xinhuanet.com/politics/2015-09/08/c_128206065.htm.

的总方略,坚定不移地沿着"八八战略"指引的路子,一任接着一任干,一张蓝图绘到底,发挥为"官"一任就要尽到造福一方的职责,既办眼前事,又着眼长远发展,做出经得起历史和人民检验的实绩。正是千千万万个为民谋实事的领导干部的努力,浙江的发展才能始终干在实处、走在前列、勇立潮头。

◆◆ **案例 3-5**

爱人者,人恒爱之——全国优秀县委书记廖俊波

"百佳书记因公殇,万人同哀悼逝波""丁酉春夜别廖公,悲恸肝肠万物空""仿佛你一如既往的浅笑,春风会不停地思念你"……采访中,无数认识或不认识廖俊波的人自发通过文章、诗歌、留言等各种形式怀念他,寄托哀思。许多受访者表示,听闻他的噩耗像失去亲人一样悲恸。政声人去后,民意闲谈中。全国优秀县委书记廖俊波为何口碑如此之好?"爱人者,人恒爱之。"正因为廖俊波生前给予了别人太多的爱,他才会受到干部群众的爱戴。

廖俊波常说一句话:"帮老百姓干活、保障群众利益,怎么干都不过分。"工作20多年,无论在什么岗位,他都一心一意为群众谋福祉,但凡群众对他提出的要求,他都想方设法去满足。

钟巧珍是政和县出名的老上访户,与邻居曹某因宅基地纠纷长期上访。廖俊波到任政和县后,多次亲自接待钟巧珍,主动上门了解情况,并先后多次对他的信访件作出批示。在廖俊波的努力和重视下,2015 年 6 月 24 日,当事双方纠纷成功调解。如今,钟巧珍已经在调解成功的 162 平方米的宅基地上盖起了新房。"没有廖书记,我现在肯定还在天天告状,他是我的大恩人!"一提起廖俊波,钟巧珍就很激动。

政和县石屯镇石圳村的余金枝老人至今随身珍藏着一张廖俊

波和她的合影照片,生怕家里人弄丢。2015 年 4 月的一个下午,烈日当空,正在茶园里采茶的余金枝,没想到县委书记廖俊波突然出现在面前。"阿婆,我来帮你采茶。"余金枝一看,原来是常到村里调研的廖俊波,连忙说"谢谢"。"这样的茶现在采有点可惜啊。""您估计这些茶能卖多少钱呢?""我采得还算专业吧,我从小就采茶挣工分呢!"……不知不觉,两个小时过去了,在愉快的交谈中,廖俊波既帮助了年迈的余婆婆干活,也完成了一次民意调查。

2013 年 5 月,铁山镇东涧村的几个村民,在村口聊天,廖俊波来了,和他们拉起了家常:"最近有什么困难需要我解决吗?"村民何天章直言,村里人平时喝山泉水,但一下雨,泉水就变浑,大家很苦恼。廖俊波当场就给县住建局负责同志打电话,要求他们帮助解决。两个月后,一个崭新的过滤池在山泉边建成,这下好了,村民们不管什么天气都能喝上清澈的水。

廖俊波对群众充满感情,始终惦记着群众的冷暖安危。在政和县工作的几年,在群众最关切的脱贫攻坚、教育医疗、基础设施等方面都交出了一份出色的答卷,全县贫困人口减少了 3 万多人,脱贫率达 69.1%。他把群众当亲人,用心用情为群众办实事、解难事,用自己的"辛勤指数"换来群众的"幸福指数"。

案例来源:姜洁.爱人者,人恒爱之:廖俊波的大爱人生[N].人民日报,2017-04-16(01).

案例简析 >>>

为官一任、造福一方,廖俊波的先进事迹深刻地体现了"官爱民,民拥官"的和谐干群关系,启示各级干部,对老百姓的事要全心全意、不遗余力,真正做到想群众之所想、急群众之所急、解群众之所困,才能用自己的辛苦付出换来百姓实实在在的获得感、幸福感。

三、"不求官有多大,但求无愧于民"

如何对待权力、使用权力,如何树立正确的权力观,是检验党员干部的初心与使命的重要表现,也是促进社会发展和人的发展的重要表征。对共产党员来说,权力就是党和人民赋予的责任,有多大权力就要承担多大责任。如果权力与责任相背离,权力就会变质,就会成为谋私的工具。领导干部如果把做官、保官、升官作为人生最大追求,为谋求个人升迁挖空心思,就完全丧失了共产党员的政治本色。如果这种"官本位"意识很强,不仅不会把精力用在为人民谋利益、为群众排忧解难上,而且还会搞"政绩工程""形象工程"等来损害人民群众的根本利益。

正确的权力观是营造良好社会风气、凝心聚力促发展的关键因素,也是社会健康发展的重要前提。权力是一把"双刃剑",既能使人高尚,也能使人毁灭。领导干部必须意识到权力是一种责任、一种义务、一种约束、一种压力。要为民干事,莫为己做"官",这样的领导干部才能确立正确的政绩观,才有敢于担当的"铁肩膀"。中国共产党自成立之日起,就把全心全意为人民服务作为自己的宗旨,无数党员、干部一身正气、两袖清风,赢得了人民群众的爱戴和拥护。

◆◆ 案例 3-6

习近平同志赞誉的"省级农民"——顾益康

"当县委书记一定要跑遍所有的村;当地市委书记,一定要跑遍所有的乡镇;当省委书记应该跑遍所有的县市区。"对于此类干部,如原浙江省农办副主任顾益康,习近平同志就赞其为"省级农民"。

顾益康曾是浙江省农办副主任。在浙江,熟悉顾益康的人不在少数。同事和朋友都说他三句话不离"三农"。他的调研围绕农民群众最盼、最急、最忧、最怨的问题,为农民讲实话、争实利、办实事。在农村的地头上、菜园里、井沿边,顾益康会坐下来掏出香烟每人递上一支,与农民攀谈聊天。顾益康对"三农"工作感情深厚,"有心、用心、创新"使他调研成果斐然。顾益康退休后,仍然一心扑在"三农"调研上。浙江不少干部和群众认为,他坚持问题导向,注重调查研究,不仅"身入"基层,更是"心到"基层,练就了能从群众的"后院"和"角落"里发现问题的本领。顾益康始终把农民利益作为"三农"工作的出发点和立足点,始终把农民赞成不赞成、高兴不高兴、满意不满意作为衡量政策举措好坏的唯一标准。时任浙江省委书记习近平曾感慨地对他说:"老顾啊,我们都是知青,都有一种农民情结。你是全省农民利益的代表,始终站在农民的立场上说话,难得啊!"

在农民眼里,他是亲民的官员;在官员眼里,他是睿智的学者;在学者眼里,他是深谙基层情况且学问高深的"顾三农"。顾益康的事迹深刻诠释了"不求官有多大,但求无愧于民"的初心。

案例来源:尤梓. 习近平公开"点赞"约 20 名干部　均实干廉洁[EB/OL]. (2014-04-11)[2019-11-15]. http://sn. people. cn/n/2014/0411/c190207-20975900-2. html.

案例简析 >>>

顾益康长期从事"三农"工作,是浙江农业农村诸多政策制定、实施的参与者和见证人。"三农"学者顾益康懂农业、爱农村、爱农民,老老实实深入调查研究,不问官职,深耕学问,听群众之声,解群众之难,是老百姓眼中亲民的官员。

四、"心无百姓莫为'官'"

习近平同志在《之江新语》专栏《心无百姓莫为"官"》一文中指出:"'群众利益无小事。'群众的一桩桩'小事',是构成国家、集体

'大事'的'细胞'……对老百姓来说,他们身边每一件琐碎的小事,都是实实在在的大事,有的甚至还是急事、难事。"①如果这些"小事"得不到及时有效的解决,就会影响政府的公信力,中国共产党的执政基础就会发生动摇。

人民对美好生活的向往始终是中国共产党一切行动的出发点和归宿,始终是中国共产党在不同历史时期取得胜利的根本原因。人民心中的美好生活不是一个抽象的概念,不是一个虚幻的空想,而是一个个具体的目标和期盼,是人民最关心最现实的利益问题。为中国人民谋幸福、为中华民族谋复兴是我们党的初心和使命。守初心,就是要始终牢记全心全意为人民服务的根本宗旨,解决好人民所关心的突出问题。

领导干部是推动党的方针政策落地生根的主力军。在浙江发展的过程中,扶贫曾是重点工作。"七山一水两分田"的浙江,人多地少、山多田少,自然禀赋不一,区域发展不平衡。多年来,浙江坚持干部带头,全社会参与,拓展扶贫领域,丰富扶贫形式,以百姓的美好生活为根本追求,对人民负责,在高水平全面建成小康社会决胜阶段,开启以领导干部带头的扶贫脱贫"加速度"。

◆◆ 案例 3-7

"心无百姓莫为'官'"——习近平同志帮扶下姜村的故事

下姜村,隶属浙江省淳安县枫树岭镇。在浙西,下姜村一直很有名。过去出名,是因为"穷"——有这样一句民谣:"土墙房、半年粮,有女不嫁下姜郎。"

现在的下姜村,依然有名:村名前常被人们冠以"最美""最富"

---

① 习近平. 之江新语[M]. 杭州:浙江人民出版社,2007:26.

这样的形容词。

　　说起下姜的"翻身记",村民们都会不约而同提到时任浙江省委书记习近平。

　　"20 世纪 80 年代初,急于摆脱贫困的村民,纷纷扛着斧头上山砍树。40 多座木炭窑同时开烧,整个村庄烟雾缭绕。短短几年间,6000 多亩林子不见了,群山成了癞痢头……"随下姜村老支书姜银祥漫步街巷,他口中的下姜村,昔口是另一番模样:"街道是坑坑洼洼的泥巴路,家家住着土坯房,院坝里养着猪,污水到处流……" 2003 年 4 月 24 日上午,习近平同志辗转来到下姜村——从淳安县城颠簸了 60 多千米的"搓板路",又坐了半小时轮渡,再绕 100 多个盘山弯道才到了村里。顾不上休息,他立刻开始走访调研。调研结束,习近平同志召集村干部到简陋的村委会办公室开会。姜银祥拿出事先准备的材料准备汇报。习近平同志和颜悦色地说:"不要用材料。心里有什么就说什么,想到哪里就讲到哪里。我们是下来听真话的,放开了讲。"姜银祥一下子放松了,倒了半天苦水。末了,还又提了个要求:"习书记,有件小事不知该不该说? 想请省里帮我们建沼气。否则,山就要砍光了……""这个提议好! 对老百姓来说,他们身边每一件生活小事,都是实实在在的大事。正像人的身体一样,小的'细胞'健康,大的'肌体'才会充满生机与活力。"习近平同志请随行的同志记下来,并叮嘱:"资金由省财政解决。"几天之后,浙江省农村能源办公室便派专家入村进行指导。资金也很快落实。就这样,习近平同志先后为下姜村解决了资金、技术、人才等各方面的难题,极大地改善了当地百姓的生活。

　　2003—2007 年间,习近平同志先后多次来到下姜村实地考察,或亲临下姜村调查研究摸实情、访贫问苦送温暖,或召集镇、村干部座谈交流理思路、为民致富定实措；先后四次写信，关注下姜村的发展，牵挂下姜村村民的冷暖，指导下姜村党员干部建设新农村，无数次担当了下姜村脱贫致富的领路人。

案例来源：王慧敏，方敏.心无百姓莫为"官"：习近平同志帮扶下姜村纪实[N].人民日报，2017-12-28(01).

案例简析 〉〉〉

　　下姜村，是习近平同志了解"三农"的窗口，建设"美丽乡村"的试验田，田间、地头、溪畔都深烙着他对百姓的亲切问候与深切关怀，是习近平同志深厚的为民情怀、强烈的宗旨意识、鲜明的以人民为中心的价值取向的生动体现。习近平同志用一言一行诠释着共产党员"心无百姓莫为'官'"的为人民谋幸福的根本宗旨。

第三节　新发展理念的关系探索：正确处理发展中的几大关系

　　发展理念是对"什么是发展、怎样发展、为什么发展"等重大问题的理论思考和理论概括。发展理念是发展道路选择的先导，更是发展思路、发展方向、发展着力点的集中体现。创新、协调、绿色、开放、共享"五位一体"的新发展理念，是引领经济发展新常态的理念，也是解决新常态下发展面临的重大问题的理念，具有重大的现实意义和深远的历史意义。

一、发展与创新："在继承中创新，在创新中发展"

　　高质量的发展必须首先关注与创新之间的关系。没有继承，就没有发展；没有创新，就没有未来。必须始终坚持在继承中创新，在创新中发展。

创新是发展的内在要求,也是发展的根本动力。从一定意义上讲,发展的本质就是创新,创新的结果就是发展。正如唯物史观所指出的那样,生产力是社会发展的最终决定因素,人类社会的发展过程就是先进生产力不断取代落后生产力的历史进程。科学技术是生产力中的关键因素,科技创新是推动生产力跨越式发展的超常动力,也是人类社会发展的原动力。

发展和创新具有内在的统一性。创新是解决发展问题的根本途径。一方面,发展是创新的必然结果,另一方面,创新是发展的深层动力。历史表明,创新实践所激发的巨大能量与所塑造的新的事物,以特有的力量和速度改变着人生存的世界(自然与社会)及人本身,为人类创造着新的生存条件与发展环境,直接或间接地影响、作用于人。

浙江改革开放 40 多年的发展史,从某种意义上说,就是一部生动的创新史。我们要在今后的实践中,继续写好这部创新史,才能无愧于前人,无愧于后人。我们现在的所有工作,都是站在前人的肩膀上来进行的。我们必须始终不渝地坚持党的思想路线,解放思想、实事求是、与时俱进,在解放思想中统一思想,以解放思想的新境界,推进各项事业的新发展,做到既保持工作的连续性和稳定性,又体现工作的时代性和创造性。

◆◆ 案例 3-8

加强省校合作,创新驱动经济发展

科技兴则民族兴,科技强则国家强。人是科技创新最关键的因素。创新的事业呼唤创新的人才。我国要在科技创新方面走在世界前列,必须在创新实践中发现人才、在创新活动中培育人才、在创新事业中凝聚人才。谁拥有了一流创新人才、拥有了一流科

学家,谁就能在科技创新中占据优势。这是习近平同志在浙江工作时一再强调的。

在浙江,有这么一家不同寻常的研究院,从合作意向洽谈,到正式签约,乃至奠基仪式,都是由习近平同志全程亲自谋划决策,它见证了习近平同志对科技创新和人才强省战略之重视,更体现了习近平同志矢志不渝推进创新发展的决心和信心。2003年3月17日,习近平同志率浙江省党政代表团赴清华大学商讨合作事宜。初步成果很快显现,就在这一年的12月31日,浙江省政府与清华大学签约共建浙江清华长三角研究院。从初建院时的7个人,到2008年新大楼落成时的近百人规模、体系完整的科研管理团队,这其中的快速发展,离不开习近平同志的大力支持和殷切关心。与清华大学共建长三角研究院,大力实施科技人才强省战略,开展引进大院名校共建创新载体等工作,推动了浙江科技进步与创新呈现突破式发展态势。习近平同志在浙江工作期间,带领省有关部门负责人遍访北京大学、清华大学、中国人民大学、中科院等著名高校和科研院所,建立了长期的战略合作关系。在习近平同志的引领下,浙江各地也以引进团队、高层次人才和核心技术为重点,与国内外大院名校共建各种形式的创新载体。在宁波,当地已累计引进中科院宁波材料所、西电宁波信息技术研究院、中电科宁波海洋电子研究院等产业技术研究院65家,预孵化科技成果转化项目500余个。

案例来源:周咏南,毛传来,方力.挺立潮头开春天:习近平总书记在浙江的探索与实践·创新篇[N].浙江日报,2017-10-06(00001).

案例简析 〉〉〉

与清华大学共建长三角研究院,大力实施人才强省战略,开展引进大院名校共建创新载体等工作,推动了浙江科技进步与创新呈现突破式发展态势。省校合作共建研究院,是习近平同志在浙江工作时作出的一项重要决策,是对深化科技体制改革、推动科技和经济紧密结合的先行探索和具体实践,充分体现了习近平同志在浙江工作期间高远的战略眼光、过人的创新胆识和务实的工作作风。

二、发展与稳定:"用发展的观点抓稳定"

抓经济促发展是政绩,抓稳定保平安也是政绩。习近平同志在浙江省委第十一届六次全会上重点强调:"不能以为我们现在强调'平安',改革与发展就可以放松了;更不能以为在改革与发展的过程中出现了一些影响'平安'的问题,就因噎废食,不事改革,不抓发展,'不求有功,但求无过',当'太平官'。'无过'不是'平安'而是'平庸','无过'既不能保百姓的'平安',也不能保官位的'平安'。对干部改革与发展的积极性,我们坚决予以保护;同时,对干部因工作不负责任造成严重后果的,我们也坚决予以追究。"[①]要正确处理改革、发展、稳定之间的关系,既坚持稳定压倒一切的方针,又坚持发展这个第一要务,坚持改革开放的路线。改革是动力,发展是目的,稳定是前提,这是十分清楚的关系。正是从这三者关系出发,习近平同志在浙江工作期间综合考虑政治、经济、文化诸多因素,从大概念、大范畴大格局的角度提出建设"平安浙江"的重要决策。

◆◆ 案例 3-9

创新"枫桥经验"——发展中实现社会稳定

在平安浙江建设的动态治理过程中突出基层治理和源头治理,确立"抓早抓小、防患未然"的原则,着力夯实平安浙江建设的

---

① 习近平.干在实处　走在前列:推进浙江新发展的思考与实践[M].北京:中共中央党校出版社,2006:274.

基础。重视基层治理和源头治理,是浙江地方治理和社会治理的优良传统。20 世纪 60 年代,诸暨枫桥镇干部群众创造的"枫桥经验"就以"小事不出村、大事不出镇、矛盾不上交"的治理优势而被毛主席肯定,并在全国推广。发动和依靠群众,坚持矛盾不上交就地解决,是"枫桥经验"的核心所在。警力有限,而民力无穷,浙江公安充分调动群众的创造力和积极性,变单打独斗为警民合力,创新"警调衔接"机制,将矛盾化解在起始、解决在基层。

平安不出事,是新时代"枫桥经验"的本质要求和集中体现,也是高水平全面建成小康社会的重要保证。一切为了群众、一切依靠群众,一切以人民为中心,这是"枫桥经验"恒久不变的真谛。进入 21 世纪后,浙江基层干部群众坚持发展"枫桥经验",根据所面临的社会矛盾发展变化,创新出了"四前工作法"和"四先四早"工作机制,对社会矛盾纠纷做到提前预警、及早解决,使平安浙江建设有了更为坚实的基础。

案例来源:李攀,陈新禄.矛盾不上交　平安不出事　服务不缺位:浙江创新发展新时代"枫桥经验"[EB/OL]. (2018-09-07)[2019-08-07]. http://zjnews. zjol. com. cn/zjnews/zjxw/201809/t20180907_8210035. shtml.

案例简析 〉〉〉

"枫桥经验"形成于社会主义建设时期,发展于改革开放时期,创新于中国特色社会主义新时代,内涵不断丰富,重点不断调整,随着时代的变迁而发展,随着理念的进步而创新。但其坚持党的领导,坚持法治思维,走群众路线,以人为本,团结大多数人维护社会和谐稳定的实质没有变。今天的枫桥,已经成为名副其实的美丽乡村,在"枫桥经验"基础上探索形成了一系列新时代社会治理的新做法,为构建共建共治共享的社会治理格局提供了新经验,带给我们新的思考和启示。

三、发展与改革:"发展出题目,改革做文章"

困难是压力,困难是挑战,困难中往往也蕴藏着机遇,克服困难也就意味着抓住了机遇,赢得了先机。"发展出题目,改革做文章。"面对历史之问、人民之问,唯有用改革作出回答;面对前行难题、升级难题,唯有用改革作出回答;面对发展短板、制度短板,唯有用改革作出回答。浙江的活力之源在于改革。

浙江改革开放 40 多年走过的道路,就是一条在不断克服困难中前进的改革创新之路,就是一段"发展出题目,改革做文章"的历程。浙江发展取得历史性变化,最重要的一条就是按照生产关系必须适应生产力发展规律,尊重群众的首创精神,积极调整和完善所有制结构,形成了相对领先的体制优势。

◆◆ **案例 3-10**

温州坚持人民主体立场推进改革
——"两只手"示范改革成果助推省域经济发展新跨越

"一切事物日趋完善,都是来自适当的改革。"没有改革,就没有浙江发展的今天,更没有浙江的明天。浙江从资源小省发展成为经济大省,靠的是灵活的市场机制,政府尊重群众的首创精神。这是对浙江市场化进程中"有效政府"角色定位的最好写照。温州,是浙江改革开放的先行地、民营经济的重镇、靠改革发展起来的一面旗帜,也是习近平同志整体推进浙江改革的重要实践样本。进入新世纪,强化机关效能建设,不断深化行政审批制度改革,用好"两只手",释放温州经济发展的制度改革红利,既是温州经济进一步发展的"痛点",也是深化改革的"靶点"。

"给成长快的孩子换上一件大衣服"的现实吁求愈发强烈。据时任温州市直机关工委书记王仁贤回忆,2003 年 8 月 15 日上午,温州数千名干部在温州体育馆开了一场机关效能建设动员大会。当时,温州市委主要领导在会上宣布:严禁有令不行,严禁办事拖拉,严禁吃拿卡要,严禁态度蛮横;同时,加大政府放权力度,宣布凡是可以取消的审批事项,一律取消,必须保留的,要最大限度地压缩审批时限、简化审批程序……没过多久,习近平同志到温州调研,市委领导作了专题汇报。习近平同志对温州的做法给予了充分肯定,温州机关效能建设的经验被推荐到全省。2005 年 5 月,习近平同志第 12 次到温州调研。他还叮嘱当地干部,"要深化行政审批制度改革,继续推进机关效能建设"。通过机关效能建设,政府大大提高了办事效率。审批项目减少了,政府可以腾出更多的精力来搞好服务;市场这只手壮大了,政府又可以转换出更多的职能来把该管的事情管好,把不该管也管不好的事情交给市场。道之所在,虽千万人吾往矣。通过推进行政审批制度改革,浙江过去有 3000 多项政府审批事项,减少到 800 多项,一跃成为全国审批项目比较少的省份,释放了最大的改革红利,为浙江经济全面提质增速注入了强大动力。

案例来源:俞文明,邓崴,刘刚,等.改革巨擘绘宏图:习近平总书记在浙江的探索与实践:改革篇[N].浙江日报,2017-10-12(00001).

案例简析 >>>

浙江改革开放 40 多年走过的道路,就是一条在不断克服困难中前进的改革创新之路,就是一段"发展出题目,改革做文章"的历程。浙江过去发展形成的"规模优势"、实现的"量的积累",靠的是改革;将来释放的"质量优势"、实现的"化学反应",仍然要靠改革。展望未来,发展蓝图催人奋进,而改革命题,也等待着我们这代人的回答。

四、发展与生态："既要 GDP，又要绿色 GDP"

生态兴则文明兴，生态衰则文明衰。朴素的真理，往往拥有引领发展的巨大力量；开创性的探索，往往具有影响未来的深远意义。生态环境保护是功在当代、利在千秋的事业。在浙江工作期间习近平同志提出的"绿水青山就是金山银山"理念体现了发展中经济与环境之间的关系，也体现了经济建设与生态文明建设之间的关系。发展是硬道理，是人类永恒的主题。但不同发展阶段面临的问题是不同的，这就需要科学认识、把握和解决不同发展阶段中的问题。

推进生态省建设，是经济增长方式的转变，更是思想观念领域的一场深刻变革。生态文化建设，是生态文明建设的根基。生态文明建设最终要依靠全民生态环境意识和绿色发展意识的觉醒，也必然依靠千百万人共同的绿色行动。从这个意义上说，加强生态文明建设，在全社会树立起追求人与自然和谐相处的生态价值观，是生态省建设得以顺利推进的根本举措。

发展与人口、资源、环境的关系是发展中最大的辩证法。破坏生态环境就是破坏生产力，保护生态环境就是保护生产力，改善生态环境就是发展生产力，经济增长是政绩，保护环境也是政绩。在今天中国的政治语境中，论及"生态文明"，其实质是探求新的发展道路，再进一步说，是解决"中国向何处去"的问题。习近平同志把绿色发展作为浙江经济社会发展的"底色"，展示了他对全球经济发展趋势、人类文明发展历程和浙江经济社会发展实际的深刻洞察和精准把握。

◆◆ 案例 3-11

浦江换回绿水青山再造金山银山

浦江因水而名,人文璀璨,有"万年上山、千年孝义、百年书画"之美誉。30多年前,为了追求经济发展,浦江开始遭受水晶加工产业的污染。浦江的河流山川逐渐被吞噬,浦江人民蒙受了前所未有的灾难。以水晶产业为例,在"五水共治"前,浦江有约22000家水晶加工户和企业,每天产生上千吨废渣,导致县域内85%的溪流被严重污染,90%以上的河流是"牛奶河",浦江因此被评为"浙江卫生环境最差县"。主干河流浦阳江,自2006年起,水质常年为劣五类。水环境的污染对居民生命安全和生活生产产生了巨大的威胁,也倒逼政府在"GDP增长"和"污染代价"上作权衡。浦江县委县政府领导深刻意识到"绿水青山不在,金山银山何存?"的观念,并以破釜沉舟的勇气,按照浙江省委"要为全局工作撕开一个缺口、为'五水共治'树立一个样板"的要求,努力打赢"治水"的攻坚战,唤回"绿水青山",为践行"绿水青山就是金山银山"的科学论断打下了坚实的基础。

近年来,浦江先后实施了"百村·百景""百村·千塘""百村·千亩""百村·万家"等一系列工程,通过改善村口面貌,彰显村庄的自然资源、人文资源和产业特点;通过池塘清淤和周边环境提升,扮靓2800多口池塘、70多座山塘、10多座水库;通过建设生态湿地,进一步提升水质、美化整体环境;通过黄皮房整治,营造具有乡土气息的人文景观。

水之变,业之变,绿水青山被唤回,诗画浦江的美丽画卷正越绘越美。现在的浦阳江畔,一条集绿道、游憩、休闲、运动、健身等多功能于一体的生态廊道已全面完工,全域"水岸风景带"美轮美奂,美丽乡村星罗棋布,外地游客往来如织,人与自然和谐共生的情景随处可见,实现了生态环境质量公众满意度从"后进"到"先进"。

如今,绿水青山重拾了百姓对美丽家园的渴望,全域整治、全域美丽是浦江对大花园的期许。通过以治水拆违为代表的小城镇环境综合整治和美丽乡村建设,保护修复古村落和历史街区,浦江的山区与城区实现了全域化的干净整洁,300多个美丽乡村覆盖全县,实现了从"点状美"到"全域美"的升级。

案例来源:仲瑶卿.浦江:春风吹来旧时波　绿水青山又相逢.(2019-07-08)[2019-12-20].http://cpmap.zjol.com.cn/yc14990/201907/t20190708_10542073.shtml.

案例简析 >>>

践行"绿水青山就是金山银山"理念是一项全方位、系统性、长期性的绿色工程,需要抓重点问题、找对切口,打开全局工作。浙江因水而名、因水而兴、因水而美,如今水环境却成了制约经济社会发展最突出的问题,治水刻不容缓。浦江紧抓"五水共治"机遇,通过"治水"牵一发而动全身,推动全面治理,抓治水转经济、抓治水促改革、抓治水促稳定、抓治水惠民生,取得了"一石多鸟"的综合治理效果。

第四节　新发展理念的实践探索:"八八战略"的新发展理念意蕴

在浙江工作的6年里,习近平同志走遍全省每一个市县,创造性地提出了"八八战略",这成为引领浙江改革发展的总纲领,带领浙江人民取得了经济社会发展的辉煌成就。发挥"八个优势",推进"八项举措",是基于对新世纪面临的重要战略机遇期宏观背景,对浙江经济社会发展现实基础,对浙江省加快全面建设小康社会、提前基本实现现代化战略目标的正确认识和把握,其基本内容和10多年的实践布局,体现着创新、协调、绿色、开放、共享五大发展理念的基本意蕴和实践品格。

理论的生命在于实践,新发展理念不能停留在口头上,而应成为发展的指挥棒、行动的度量衡。在新的坐标系下来审视,畸形发展、竭泽而渔、自我封闭、与民争利、忽视民生等做法和行为,与新发展理念背道而驰,必须坚决纠正、彻底摒弃。天下大事,必作于细,必成于实。只有遵循规律科学地干,开拓进取创造性地干,瞄准短板奋发地干,以人民为中心务实地干,才能让新发展理念转化为改革的新动力、发展的新路子。只有坚持从实际出发,因地制宜、因事制宜,把新发展理念切实体现到政策制定、工作安排、任务落实上,体现在经济社会发展的各领域各环节,才能做到崇尚创新、注重协调、倡导绿色、厚植开放、推进共享。

一、创新:加快创新型省份建设

科技兴则民族兴,科技强则国家强。加强科技创新,尤其是提高自主创新能力,是习近平同志在浙江工作时一再强调的。

习近平同志在浙江工作期间,紧紧抓住科技创新牛鼻子,聚焦产业创新主战场,强化现代化经济体系战略支撑。积极推进科技兴省、人才强省建设,以超常规力度建设创新型省份。2006年,他主持召开全省自主创新工作会议,明确提出"到2020年建成创新型省份"的战略目标,为浙江创新型省份建设勾画了蓝图、指明了方向。他推动建成浙江网上技术市场、建立科技特派员制度、谋划成立浙江清华长三角研究院等大院名校引进工作,对浙江科技创新发展产生了重要而深远的影响。在新的历史条件下,全省上下更需要大力弘扬与时俱进的浙江精神,充分发挥创造才能,不断增强创造活力,让创新在浙江大地上蔚然成风,努力使创新型省份建设走在全国前列。

◆◆ 案例 3-12

做数字经济的领跑者——以超常规力度打造创新型省份

谋创新就是谋未来,抓创新就是抓发展。数字经济本质上就是创新经济,当好数字经济领跑者,浙江正以超常规力度打造创新型省份。

回首过去,浙江曾是数字经济的跟跑者。当改革的号角吹起,浙中大山深处义乌的货郎担们,一根扁担走天下,游走四方,鸡毛换糖。当时,穿着开裆裤到处找鸡毛、指望多换几颗糖的孩子们并不知道,一种创新的商业模式正在浙江大地上兴起。聪明的义乌人换了鸡毛,差一点的用来做肥料改善当地土壤环境,好一点的就做成鸡毛掸子卖钱。看着老百姓的小生意越做越好,当地政府因势利导,将散居义乌各地的货郎担们集中经营,逐步形成了今天世界级的义乌小商品市场雏形。而在义乌的四周,永康的小五金、嵊州的领带、诸暨的袜子、余杭的女装、海宁的皮革一并兴起,形成了"家家点火、户户冒烟"的典型的浙江县域经济现象。

而进入到互联网时代,以马云为代表的浙江人敏锐地发现了新的商机,"互联网＋"模式创新可以以更快的速度、更准确的信息传递将更多的商品投送给更多足不出户的人。一开始,年轻人们小心翼翼地在网上买点便宜小物件;慢慢地,大家电、汽车,甚至房屋拍卖都被放到了网上;慢慢地,网购不再是年轻人的专属,白发族也成了重要的参与者;慢慢地,"网购＋移动支付"成了人们的日常生活方式,出门不带钱包成了常态;慢慢地,在深山的鲜果还未开采便被订购一空,盒马鲜生引领着消费新时尚。

如果说在过去,互联网经济的成功代表就像梦想小镇里的准独角兽企业"机蜜",强调商业模式创新,那么,如今,数字经济的发展更加注重模式、技术创新并举。浙江坚持创新强省,把数字经济作为经济建设"一号工程"来抓。各级政府着重引导各行业利用"互联网十""大数据十""机器人十",推动数字技术和实体经济的深度融合,推动浙江产品从产业"微笑曲线"的低端向设计研发、品牌两端提升。

当下,浙江省是中国乃至世界数字经济的领跑者之一。今天,在我们耳熟能详的高铁、网购、移动支付、共享单车等"中国新四大发明"中,网购和移动支付就诞生在浙江。而共享经济模式也兴旺于浙江,共享手机、共享箱包、共享雨伞,一个个新的创新模式不断从浙江各个创业创新平台中走出,接受着市场的检验。如今,互联网已成为浙江发展的新基因,数字经济已成为浙江创新发展的新动能。

案例来源:叶慧. 数字经济引领创新发展:浙江大力发展数字经济综述[EB/OL]. (2018-05-30)[2019-10-12]. https://www.baidu.com/link? url=s6wad3j_TW-aZiicfmMx-3s6Zi7R2eKZmRk4Pb3a_ew20wdUEAMwXPTi_RFNdYcB66QnNQpGdB1Nc9RIzqUVAOE-0jvG8JOnTwDs8YzQs0vCW&wd=&eqid=bc7d46f2000dfb1c000000055e8bb76a.

案例简析 >>>

浙江是中国改革开放的先行区,也是中国数字经济发展的一个缩影。

一双袜子、一根吸管、一颗纽扣,利润只有几厘钱、几分钱,但很多浙江人却靠这个赚到了第一桶金。对于"精明"的浙江人来说,踏上数字经济的"风口"是顺势而为,更是抢抓机遇。"抢"字背后是先人一步的谋篇布局和一张蓝图绘到底的持续发力。数字经济正成为浙江创业创新的主战场,电子商务、共享经济、互联网金融、信息消费等新经济、新业态、新模式蓬勃发展。今天的浙江，正勇立在数字经济潮头，勇当发展排头兵，不负使命谋新篇。

二、协调：统筹区域一体化发展

协调是个从不平衡到平衡的动态过程。补齐短板，不仅能形成平衡结构，且会使发展之"桶"容量更大，从而实现更高水平的协调发展，迈向永续发展的新境界。"协调发展是新发展理念的主要内容，也是习近平新时代中国特色社会主义思想的重要组成部分，是对新时代社会主要矛盾转化作出的回应和实践。协调发展的根本要义在于解决发展不平衡问题。"①缩小地区发展差距，实现区域协调发展，根本途径还是促进发达地区加快发展、欠发达地区跨越式发展。这是统筹区域发展的核心。加快发达地区发展是支持区域协调发展的重要基础，促进欠发达地区跨越式发展是实现区域协调发展的重要环节，两者是互相促进的。协调发展，就要找出短板，在补齐短板上多用力。我们要自觉肩负"把浙江建设成为中国特色社会主义制度优越性的重要窗口"的使命，对照高水平全面建成小康社会的新时代全面展示目标和人民群众日益增长的对美好生活的需求，精准聚焦找短板，精准发力补短板，不断开创协调发展新局面。

案例 3-13

"山"呼"海"应，同心同行谋发展

浙江山多，素有"七山一水两分田"之称；浙江岸长，海岸线总长居全国首位。地域不同，造就自然、人文、资源等要素差异。区

---

① 张彦，金梦佳.协调发展需构建"空间正义"[J].重庆大学学报（社会科学版），2019(1)：187.

域发展程度,也由此在农耕文明向工业文明乃至互联网文明的转型过程中,逐渐拉开差距。

对于衢州等相对欠发达地区,时任浙江省委书记习近平更是关心,更是因材施策。他把山海协作工程提升到事关浙江发展全局的战略高度,指出实施山海协作工程是缩小地区差距、促进区域协调发展的有效载体,是培育新的经济增长点、不断提高浙江综合实力的必然要求,必须作为一项德政工程、民心工程抓紧抓好。

"山"在呼唤,"海"在回应。杭州、绍兴、金华、宁波、温州、台州、嘉兴等市党政代表团相继带着企业来衢州考察,并出台各项政策引导企业来衢州投资。

以氟硅产业为例,在山海协作工程的牵引下,万向集团入主开化万向硅峰公司、中天集团新上有机硅项目建成投产、建橙有机硅被评为衢州市高新技术企业……今天的氟硅钴新材料产业已成为衢州工业经济中优势最明显、素质提升最突出的行业,衢州由此获得"氟硅之都"的美誉。2006年,在国家宏观调控大背景下,衢州分别与杭州、宁波两市达成协定,确定"十一五"期间衢州市通过多种方式,为杭州、宁波提供土地资源保障,杭州、宁波两市则为衢州提供22.5亿元土地资源开发资金和6.0亿元山海协作项目配套资金,并各为衢州引进总投资100.0亿元的产业性项目。

严谨的数字,手足的温情,这背后是衢州全市域不断增强的内生动力。山海协作工程不是一般意义上的"富帮穷",而是发挥市场机制的作用,把"山"这边的资源、劳动力、生态等优势与"海"那边的资金、技术、人才等优势有机结合起来,充分调动发达地区与欠发达地区"两头"积极性,在优势互补、合作共赢中实现互动发展。

通过山海协作，衢州打开了山门、城门甚至脑门，实现了借梯登高、借船出海、借势发力，推动了产业转型、动能转换、两山转换。在这个过程中，衢州发展的视野更广、格局更大、心胸更宽广。

山海协作工程是习近平同志在浙江工作期间作出的重大战略举措，是"八八战略"的重要组成部分。实施 15 年来，沿海发达地区与浙西南山区积极开展全方位、多层次的交流合作，走出了一条造血帮扶、双向互动、合作共赢的具有浙江特色的区域协调发展之路。

案例来源：方金，李兰英.衢州：山海协作工程实施 16 年综述［N］.衢州时报，2018-05-30（01）.

案例简析 >>>

这是一本缩小地区差距的"山海经"，这是一首区域协调发展的"协作曲"。浙江大地上"山"与"海"的牵手，为衢州等浙西南山区的跨越式发展撑起了别样的天空。曾经的"山"和"海"之间，横亘着一条区域间发展不平衡不充分的沟壑。2002 年起，浙江开始实施山海协作工程，自此开启山呼海应、携手共赢的全新探索。"山海协作"充分发挥了发达地区和欠发达地区各自的比较优势，通过优势互补，补齐各自短板，实现互利共赢，走出了一条有浙江特色的区域协调发展路子。

三、绿色："绿水青山也是金山银山"

在浙江工作期间，习近平同志特别关心生态保护、绿色发展，可以说是一路走、一路讲，在省内讲，在省外讲，到国外考察时也讲。初到浙江，习近平同志就着手谋划生态省建设。生态省建设，既是他生态文明理念的系统体现，也是他基于大量调研后对浙江省情的深刻认识。

2002年11月21日,习近平同志到任浙江。24日,他就带队前往丽水调研。在连续3天的调研走访中,看到丽水"秀山丽水,天生丽质,资源丰富",习近平同志对当地干部说,"从长远的眼光看,丽水的资源优势是无价之宝,是加快发展的潜在条件。生态的优势不能丢。一定不要再想着走老路,还是迷恋着过去的那种发展模式。所以,刚才你们讲了,下决心停掉一些矿山,这个都是高明之举。绿水青山就是金山银山,我们过去讲既要绿水青山,又要金山银山,实际上绿水青山就是金山银山"。

这是习近平同志首次明确提出"绿水青山就是金山银山"的科学论断,这是事关浙江乃至中国未来的重要战略思想。但"绿水青山"如何源源不断地带来"金山银山"? 这是丽水人的困惑,也是当时浙江各地普遍存在的困惑。2005年8月24日,习近平同志在浙江日报《之江新语》专栏发表《绿水青山也是金山银山》一文。文中说:"我省'七山一水两分田',许多地方'绿水逶迤去,青山相向开',拥有良好的生态优势。如果能够把这些生态环境优势转化为生态农业、生态工业、生态旅游等生态经济的优势,那么绿水青山也就变成了金山银山。绿水青山与金山银山既会产生矛盾,又可辩证统一。"[①]

习近平同志这一精辟论述,强调了生态保护建设的优先论,体现了经济发展与环境保护的统一论,蕴含了生态优势向经济优势的转化论。既要金山银山,又要绿水青山。我们追求人与自然的和谐,经济与社会的和谐,通俗地讲,就是既要绿水青山,又要金山银山。绿水青山可以源源不断地带来金山银山。

---

① 习近平.之江新语[M].杭州:浙江人民出版社,2007:153.

◆◆ 案例 3-14

一个山村的绿色跨越
——安吉余村演绎人与自然和谐的故事

作为"绿水青山就是金山银山"理念的诞生地,浙江省安吉县余村以自身对绿色的坚守和诠释,实现了从卖石头到卖风景的转变,成为生态文明建设之路上的一个坐标。

山村的宝贵觉醒

从生态觉醒、生态自觉到生态自立、生态自强,"绿水青山就是金山银山"的理念为余村人指明了方向。余村的"两山"会址公园里,新摆了 12 幅海报,展示村庄从关停矿山、治理环境到发展乡村旅游、打造景区村庄的进程。靠着绿水青山,2017 年,全村经济总收入超过 2.5 亿元,村民年均可支配收入近 4.2 万元。村党支部书记潘文革笑说:"现在再让村民回去开矿,可没人愿意。"20 世纪90 年代,余村靠山吃山,开了 3 个石矿,办起一家水泥厂,村民收入迅速增加,村庄一跃成为全县闻名的首富村。但在快速发展后的背后,隐忧同样存在——经年累月的石矿开采,带来了资源浪费、环境污染、生态恶化等问题。彼时,从资源小省成长为经济大省的浙江,也感受到了"成长的烦恼"和"制约的疼痛"。

可持续发展成为共识

2003 年,安吉提出创建全国首个生态县的目标。余村相继关停矿山和水泥厂。村"两委"班子定下一条规矩:无论人居环境怎么改变,产业怎么发展,生态保护是首位。一袋垃圾的处理方式之变,见证了余村保护环境的决心。早在 2013 年,针对农家乐数量增多、垃圾清运量增大等情况,村里花费 40 余万元购买了厨余垃坂处理机,并向每家每户发放不可回收、厨余、有毒有害 3 个垃圾桶和可回收垃圾筐。当年底,全村垃圾日产量便降至 20 吨左右,同比减少 20%。对山林、溪流、农田等自然资源,余村也坚持严格的保护制度。今年 4 月,一个房车露营项目在村"两委"劝导下退出,原因是项目本身虽没有污染,但基地建设时需要平整部分竹林、硬化小块土地。潘文革说,这两年,像这样的项目,余村已陆续拒绝了三四十个。如今,走在村里,青山环绕、流水潺潺、屋舍俨然、村容整洁。人们精心呵护的好生态,为村庄带来源源不断的发展活力。

绿色发展的样本

绿水青山间,生态农业风生水起,新一轮生态旅游产业布局正在展开。"一根竹子'吃干榨尽',能卖出 50 多元。"跟随村委会主任俞小平的步伐,沿环村绿道走向天目山余岭,一路上,翠竹摇曳、鸟鸣悠悠。早些年为追求毛竹产量最大化,村民大量使用农药除草,导致山间野生动物减少,溪水被污染,卖竹子、竹笋的效益也不高。现在为保护生态,村里严禁喷洒农药、提倡自然堆肥的做法,溪流逐渐恢复清澈,野生动物多了,产出的竹笋更加绿色优质,每年初春时节能卖到每斤 10 元的高价。

"山还是那座山,换种思路,效益天差地别。"俞小平不无得意地说,去年 5 月,村里还流转了 6000 余亩山林,发展林下经济。绿水青山间,生态农业风生水起之时,余村人正在开展新一轮生态旅游产业布局:对村民新建、改建房屋进行严格控制,引导农家乐从量的扩张转向质的提升;同时将乡村旅游与生态农业、文创产业等融合,鼓励村民从事旅游讲解、民宿管理等多种职业,实现差异化、个性化发展。不久前,余村还与安吉县文旅集团签订战略投资协议,将全村打造成为集考察培训、山地运动、健康养生等于一体的旅游综合体。如今,绿色,已成为余村发展的最强动能。人与自然共生共荣的理念,正在推动绿色融入村民生活的方方面面,促进人与乡村的全面进步。

　　案例来源:沈晶晶,邱晔,彭驿涵.一个山村的绿色跨越[N].浙江日报,2018-07-26(00007).

案例简析 >>>

　　天蓝、水清、山绿、地净,一个良好生态环境与"增长中高速、质量中高端"的经济增长能否兼容?浙江用生动的实践给出了肯定的答案。照着"绿水青山就是金山银山"的路了,浙江省以"八八战略"为总纲,一套转型升级组合拳打出了声势、打出了效果。案例中余村改变发展理念,将其定位为"生态旅游村"。目前农家乐发展态势良好,不仅是社会主义新农村建设的典型,还成为习近平"绿水青山就是金山银山"理念的发源地。余村坚定不移地践行"两山"理念,走出了一条人与自然和谐共生、经济与环境协调发展的新路子,成为践行"两山"理念的实践样板和成功案例。

四、开放:"跳出浙江发展浙江"

　　"跳出浙江发展浙江"是浙江发展的必然要求。进入新世纪新阶段,浙江的发展进入一个关键时期。在这个关键时期,结构需要优化,产业需要升级,企业需要扩张,要素需要保障,环境需要保护,市场需要更大的空间,经济增长方式需要从根本上转变。面对产业升级的动力,企业发展的张力,要素制约和资源环境的压力,我们必须寻找新的出路,拓展新的空间。习近平同志就此提出不仅要"立足浙江发展浙江",而且要"跳出浙江发展浙江",充分发挥浙江人敢闯天下的优势,在大力引进各种要素的同时打到省外去、国外去,利用外部资源、外部市场实现更大发展。

◆◆◆ **案例 3-15**

"地瓜理论"支撑浙江,在更大空间实现更大发展

随着改革开放的深入和经济全球一体化进程的加快,如何在更大范围、更高层次参与国内外经济技术合作和竞争,"跳出浙江发展浙江",这是浙江明智而务实的战略选择。据统计,目前在海外、省外投资经商的浙江人有 800 多万,省外投资总额超过 4.5 万亿元。他们创造的财富总量,与浙江全年 GDP 相仿,相当于再造一个浙江。由于广大浙商的积极参与和推动,带动了省与省、地区与地区之间的经济合作与互动。2008 年金融危机之后,吉利收购沃尔沃、万向收购美国 A123 系统公司、卧龙电气收购 SIR……浙江民营企业加快在全球范围内配置资源、开拓市场的脚步。目前,浙江企业对外直接投资覆盖了 150 多个国家和地区,几乎涵盖了所有的投资形式,境外投资项目数和投资额连续多年居全国各省区前列。浙江企业在不断融入全球市场的过程中,通过走出去获得了市场、技术和品牌,同时也通过自身发展带动了当地就业和经济增长。习近平同志形象地以"地瓜理论"比喻道,"地瓜的藤蔓向四面八方延伸,为的是汲取更多的阳光、雨露和养分,但它的块茎始终是在根基部,藤蔓的延伸扩张最终为的是块茎能长得更加粗壮硕大。同样,我们的企业主动走出去,并非资金外流、企业外迁,这是在更大的范围配置资源、在更大的空间实现更大发展的需要,是'跳出浙江发展浙江、立足全国发展浙江'的需要。对此我们一定要正确认识,积极推动,乐观其成。"如今,遍布世界各地的浙商,已成为全国最活跃的企业家群体。

案例来源:袁涌波. 从跳出浙江到"一带一路"[N]. 浙江日报,2017-08-07(00010).

案例简析 >>>

"跳出浙江发展浙江",是 21 世纪初浙江为了在高起点上实现更大发展的战略选择。其基本意蕴是,跳出浙江寻求外部资源和发展机遇,弥补浙江在要素供给和环境承载力上的"短板",为浙江调整经济结构、转变增长方式、提升产业层次创造更多的机会和空间。"跳出浙江发展浙江",让浙江的"朋友圈"越来越大,全省年进出口总额从改革开放初期的不足 1 亿美元跃升至 2018 年的 4325 亿美元,出口规模位居全国第三。宁波舟山港,货物吞吐量已连续 10 年位居世界第一;舟山自由贸易港区,一个世界级的绿色石化基地正拔地而起;常态化运行的"义新欧"班列,正书写着新的丝路传奇。

五、共享:发展"老百姓经济"

有一个理想,质朴深沉,凝聚力量;有一种信念,炽热坚定,昭示未来。马克思、恩格斯在《共产党宣言》中指出:"无产阶级的运动是绝大多数人为绝大多数人谋利益的独立自主的运动。"[1]共享发展理念实质就是坚持以人民为中心的发展思想。共享首先是全民共享,这是就共享的覆盖面而言的。共享发展是人人享有、各得其所,不是少数人共享、一部分人共享。共享是共建共享,这是就共享的实现途径而言的。共建才能共享,共建的过程也是共享的过程。要充分发扬民主,广泛汇聚民智,最大激发民力,形成人人参与、人人尽力、人人都有成就感的生动局面。共享是全面共享,即共享发展就要共享国家经济、政治、文化、社会、生态文明各方面

---

① 中共中央马克思恩格斯列宁斯大林著作编译局.马克思恩格斯全集:第四卷[M].北京:人民出版社,1958:477.

建设成果,全面保障人民在各方面的合法权益。共享是渐进共享,这是就共享发展的推进进程而言的。一口吃不成胖子,共享发展必将有一个从低级到高级、从不均衡到均衡的过程。当然,还要努力为人民群众创造一个安定和谐的社会环境,这也是全面共享的题中之意。

◆◆ 案例 3-16

推进"百姓工程",共享社会发展成果

"一切依靠群众,一切为了群众。"在浙江工作的 6 个年头里,习近平同志怀着对这片土地最深的爱,怀着对人民最浓的情,察省情,访民意,擘画"八八战略",致力于提升城乡居民生活水平;重点帮扶贫困人口等困难群体,确保小康路上一个都不掉队,实现全民共享;推进"平安浙江""法治浙江"建设,构建和谐社会,维护公平正义,保障人民群众合法权益,建立健全为民办实事长效机制,实现全面共享;坚持人民主体地位,尊重群众的首创精神,动员群众、发动群众,参与经济社会各项建设事业,实现共建共享。透视习近平同志提出的共享发展理念,全民共享、全面共享、共建共享、渐进共享的丰富内涵蕴含其中。在做大蛋糕的同时,把蛋糕分好,让人民群众有更多的获得感,正是落实共享发展理念的关键所在。浙江中部一个小村自发的基层民主探索,让习近平同志看到了群众充分行使民主权利、有序参与公共事务落实共享发展理念的新路径。在当时的浙江,后陈村的情况是具有一定的典型性的。

2005 年 6 月 17 日,习近平同志一行人驱车来到武义县后陈村调研,一下车,就走到村务公开栏前认真地查看。当看到村里小到一瓶墨水、一把扫帚的支出都"晒"在墙上,接受村民监督,习近平

同志马上给予了肯定。后陈村是一个经历了大起大落的另类典型。它曾是一个远近闻名的"先进村",但随着当地大开发、大建设的推进,村集体收入逐年猛增,村务却因村级财务管理不善陷入混乱,干群关系紧张,先后两任村书记因经济问题"落马"。后来,上级党委对症下药,强化村级治理,赢得了民心。习近平同志敏锐地看到了问题所在,权力腐败、分配不公的背后是人民民主权利没有得到根本保障,公民参与社会事务缺乏有效途径。"没有监督的权力,肯定会趋向腐败,这不是人的问题,而是制度的问题。"和村干部座谈时,习近平同志一针见血地指出,后陈村的村务公开民主管理工作,是农村基层民主的有益探索,方向是正确的。这掷地有声的话语讲到了村干部和村民的心里,掌声一次又一次在小小的会议室里响起。

习近平同志在浙江工作期间,始终强调要营造一个公平正义的社会环境,让每个人都有施展才华的舞台;要倾力为民办实事,始终把群众利益放在最重要的位置;要"尊重群众的首创精神","让广大人民群众充分享受创新发展的成果"。2004 年 2 月,他在《浙江日报》的《之江新语》专栏《凡是为民造福的事一定要千方百计办好》一文中指出,在任何时候任何情况下,都要始终坚持把最广大人民的根本利益放在首位,自觉用最广大人民的根本利益来检验自己的工作和政绩,做到凡是为民造福的事就一定要千方百计办好,凡是损害广大群众利益的事就坚决不办。以上这些重要论述,充分反映了习近平同志深厚的为民情怀、强烈的宗旨意识、鲜明的以人民为中心的创新价值取向,体现了坚持走群众路线的马克思主义唯物史观,是习近平同志强烈的群众意识、真挚的为民情怀在发展价值理念中的具体体现,为浙江社会的安定和谐建立健全了共享发展机制,也为浙江长效发展明确了出发点和落脚点。

案例来源:金波,刘乐平,陈宁,等.以人民为中心:习近平总书记在浙江的探索与实践·共享篇[N].浙江日报,2017-10-10(00001).

案例简析 >>>

发展为了你我,发展成果由你我共享,发展需要你我同心协力,砥砺前行。"公与平者,即国之基址也。"公平均衡、全民共享,是中国共产党人在小康路上始终追求的目标。在浙江工作的6个年头里,习近平同志一再强调,要把人民拥护不拥护、赞成不赞成、高兴不高兴、答应不答应作为衡量一切工作得失的根本标准。具体到发展理念中,就是要坚持以人民为中心的发展思想。"为了让人民群众过上更好的生活"一直是习近平同志锲而不舍、孜孜不倦的选择和追求。"以人民为中心"已成为当代中国的价值标杆。

本章小结

新发展理念,既顺应世界发展大势和文明发展规律,又扎根于中国大地波澜壮阔的改革发展实践,凝结着全党的集体智慧和全国各地的创新经验,充分体现了中国共产党尊重客观规律执政,以科学理论指导实践的高度自觉。浙江是新发展理念的重要萌发地。十多年来,浙江省一以贯之坚持的"八八战略",连接着过去、现在和未来,不仅指明了浙江发展的方向和阶段性目标,还找到了奔向目标、方向的路径和抓手,形成了指引浙江各界"干在实处、走在前列、勇立潮头"的方法论,为浙江发展留下了长远性、全局性的擘画。从浙江放眼全国,"八八战略"中的哲学思考与新发展理念渊源相互契合、价值指向高度统一,系统体现着新发展理念的本质要求,是新发展理念在浙江的先行实践,提供了新发展理念的浙江样本,验证了新发展理念的科学指导意义和重要战略地位,在全国发挥了显著的示范作用,清晰展现了习近平同志总揽全局的博大政治胸襟和高超的执政智慧。"八八战略"的成功实践,带给我们"蓝图是绘出来的、事业是干出来的"重要启示,更增添我们一张蓝图干到底的底气与信心。浙江要在全面落实新发展理念的进程中,继续秉持与时俱进的浙江精神,干在实处、走在前列、勇立潮头,为全国发展提供浙江实践。

◆ 思考题

1."八八战略"与"新发展埋念"的内在关联体现在哪些方面?

2.2003 年 6 月 5 日,"千村示范、万村整治"工程在浙江省拉开序幕。习近平同志亲自部署:从全省选择 1 万个左右的行政村进行全面整治,把其中 1000 个左右的中心村建成全面小康示范村。村道硬化、垃圾收集、卫生改厕、河沟清淤、村庄绿化……在浙江省委、省政府的直接推动下,一项项工作在全省有条不紊地开展起来,从源头上推进农村环境综合整治工作。行走浙江时你会发现,无论是省会杭州还是偏远山乡,浙江城乡基本实现了"无缝对接"。请说出这其中蕴含着哪些浙江经验与浙江智慧,并结合您所在省份实际谈谈感受。

◆ 拓展阅读

1.习近平.之江新语[M].杭州:浙江人民出版社,2007.

2.李培林.坚持以人民为中心的新发展理念[M].北京:中国社会科学出版社,2019.

3.高惠珠.唯物史观新视野与新发展理念研究[M].上海:上海人民出版社,2019.

4.杨宏伟.贯彻落实五大发展理念[M].北京:人民出版社,2017.

5.鲁言.话说新发展理念[M].北京:学习出版社,2016.

6.习近平.干在实处　走在前列:推进浙江新发展的思考与实践[M].北京:中共中央党校出版社,2006.

7.中共中央组织部干部教育局.五大发展理念案例选·领航中国[M].北京:党建读物出版社,2016.

8.胡鞍钢,鄢一龙,等.中国新理念:五大发展[M].杭州:浙江人民出版社,2017.

发展必须是科学发展,必须坚定不移贯彻创新、协调、绿色、开放、共享的发展理念。

——摘自《决胜全面建成小康社会 夺取新时代中国特色社会主义伟大胜利——在中国共产党第十九次全国代表大会上的报告》[①]

第四章 从浙江走向全国:新发展理念的坚守与发展

◆◆ 本章要点

1.深刻理解新发展理念从浙江区域治理到国家治理的演进逻辑,体会新发展理念的形成发展机制,明晰浙江区域治理与国家治理对新发展理念理解与运用的内在关联与一致性。

2.深刻理解新发展理念在浙江区域治理探索与国家治理运用中共同蕴含的"人民中心"的价值立场,重点回答和解决三大问题:"我是谁""为了谁""依靠谁";深刻理解新发展理念在浙江区域治理探索与国家治理运用中共同蕴含的"问题意识",理解如何以问题意识分析发展困境,引领区域与国家发展;深刻理解新发展理念在浙江区域治理探索与国家治理运用中共同蕴含的"关键少数"的核心作用,理解如何有效发挥领导干部贯彻新发展理念的方法路径;深刻理解新发展理念在浙江区域治理探索与国家治理运用中共同蕴含的"科学方法",理解如何以"唯物辩证法"指导发展实践。

---

① 习近平.决胜全面建成小康社会 夺取新时代中国特色社会主义伟大胜利:在中国共产党十九次全国代表大会上的报告[M].北京:人民出版社,2017:21.

第一节　坚持以"人民为中心"评价发展

发展是执政兴国的第一要务,关乎国家富强、民族繁荣、人民幸福。发展具有鲜明的价值取向,发展不是为了少数人的利益、不是为了特权阶级的利益,发展归根到底是为了广大人民的利益,这是发展的中国特色社会主义价值的哲学意蕴。从浙江到全国,中国共产党始终紧紧抓住人民这个中心,坚持发展为了人民、发展依靠人民、发展成果与人民共享的价值理念,让人民成为评价发展的主体。

党的十八届五中全会首次提出以人民为中心的发展思想,反映了坚持人民主体地位的内在要求,彰显了人民至上的价值取向,确立了新发展理念必须始终坚持的基本原则。以人民为中心的发展思想是新发展理念的价值指导原则,是规划、实施、评价发展的核心,是衡量发展效应的"天平",也是审判发展成果的"利剑"。坚持新发展理念,需要回答并解决好发展的三大问题:"我是谁?""为了谁?""依靠谁?"

一、"我是谁":坚定"为中国人民谋幸福,为中华民族谋复兴"的初心与使命

明确"我是谁",既是人生哲学的核心问题,也是发展哲学的重要命题。古希腊的箴言"认识你自己"在发展中同样具有重要的指导意义。中华民族历经 5000 多年的风风雨雨,炎黄子孙励精图治,顽强拼搏,创造了博大精深的中华文化。在这伟大的历史长河中始终贯穿着一条鲜明的主线,那就是:人民群众。中国人民是我们共同的身份,无论历史如何风云变幻,人民的力量总是最为光彩夺目的。中国共产党成立后，党以带领人民夺取中国革命的伟大胜利、实现中华民族的伟大复兴、谋取最广大人民的幸福生活并最终实现人的全面发展作为自己的奋斗目标。中华人民共和国成立后，人民真正成为国家的主人。作为主人，广大人民发挥出了前所未有的力量，不断取得令世界瞩目的伟大成就。

明确"我是谁"，对于中国共产党来说，就是明确自己的初心和使命，坚定自己的立场与信仰。中国共产党必须始终牢记成立时在嘉兴红船上许下的誓言，牢牢坚守"为中国人民谋幸福、为中华民族谋复兴"的初心和使命。中国共产党作为马克思主义执政党，必须始终怀揣马克思主义深厚的人民情怀与人民立场。人民立场是我们党的根本政治立场。坚持人民立场，必然要求坚持以人民为中心的新发展理念，实现最广大人民的根本利益。坚持人民立场，集中体现了新时代中国特色社会主义发展理念的根本要求，在发展的价值目标、依靠对象、发展内容、发展途径和发展方式上都要坚持人民立场，坚持一切为了人民，一切依靠人民。

浙江是中国改革开放的先行地，也是坚守人民立场、扎根人民需求、饱含人民情怀的发展省份。"让人民群众过上更好的生活"一直是浙江省锲而不舍、孜孜不倦的选择和追求。习近平同志在浙江工作期间，强调指出，"全心全意为人民服务是我们党的根本宗旨，千方百计为人民谋利益是我们党一切工作的出发点和落脚点。从这个意义上说，党和政府的所有工作都属于为民办实事范畴"①。为了人民的美好生活，习近平同志频繁调研，走进人民的生产生活中，了解人民的所需所求，在此基础上深入思考施政方针，

① 习近平.干在实处　走在前列：推进浙江新发展的思考与实践[M].北京：中共中央党校出版社，2006：528.

创新性提出"平安浙江""美丽浙江""法治浙江"等发展战略及"跳出浙江发展浙江""绿水青山就是金山银山"等发展理念,让浙江人民物质富足、精神丰富、生活安定。

党的十八大以来,以习近平同志为核心的党中央始终立足人民立场,坚守初心与使命。习近平总书记多次强调,"人民对美好生活的向往,就是我们的奋斗目标"①。习近平总书记在十八届五中全会上首次提出"以人民为中心"的发展思想,更加凸显人民在发展中的核心地位,在这一发展思想的指导下,党不断深化改革,在关乎人民重大利益的各个领域以刮骨疗毒的勇气锐意改革,大力整治人民最痛恨的腐败问题,严肃党内政治生活,严厉惩戒腐败分子,净化党内政治生态,增强人民对党的信任,提高党的先进性和纯洁性。在提高执政党执政为民能力的同时,开展"群众路线"教育实践活动、"三严三实"专题教育活动、"两学一做"学习教育、"不忘初心,牢记使命"主题教育等,通过多种形式的党组织理论学习和实践教育,坚定党员领导干部的政治立场。全面从严治党为的是更好地为人民服务,更好地实现中国梦与人民的美好生活。在习近平总书记的带领下,国家不断在教育、就业、医疗、收入分配、社会保障等方面加大改革力度,让人民实实在在感受到、享受到改革开放的发展成果。

◆◆ 案例 4-1

用青春诠释共产党人的初心和使命:黄文秀

2018年3月,黄文秀响应组织号召,到广西百色市乐业县百坭村担任驻村第一书记。北京师范大学思想政治教育专业科班出

---

① 何毅亭.学习习近平总书记重要讲话[M].北京:人民出版社,2013:37.

身,黄文秀正好把知识用在了加强村"两委"干部队伍建设和提升管理水平上。百坭村新时代讲习所建成后,她成了主要的讲习人员,党的十九届二中、三中全会精神,乡村振兴战略,习近平扶贫论述等主题的集中学习,黄文秀都把它们讲通讲透。村"两委"班子变得更加团结、注重实干。这一年,黄文秀吃住在村,走村入户,摸透村情民意。她召开了多轮研判会,根据帮扶对象的实际情况制定脱贫对策,扶贫扶智又扶志。如今,走进百坭村,放眼望去,草木葱茏,油茶树林、八角林、砂糖橘基地、烟叶地……一片生机盎然。2019年3月26日,黄文秀担任百坭村第一书记正好满一年,伴随着她走遍百坭村11个自然屯的小车,里程数达2.5万千米。"2018年行驶过的扶贫之路,对我而言更像是心中的长征,这条路上我拿出了极大的勇气和极大的信心。"她在扶贫工作的自述中感慨。谁也没想到,几个月后,她倒在了扶贫路上。

习近平总书记高度赞扬了黄文秀坚守初心、担当使命的信仰情怀,充分彰显了对一线奋斗者的亲切关怀,对黄文秀这位优秀共产党员的高度褒奖。不忘初心,方得始终。无论是战火纷飞的革命岁月,还是热火朝天的建设年代,抑或是砥砺前行的改革开放时期,一代代共产党人始终坚持"为中国人民谋幸福,为中华民族谋复兴"的崇高信念,推动中华民族实现了从站起来、富起来再到强起来的伟大跨越。罗阳、廖俊波、黄大年、杜富国、张富清、黄文秀……一个个甘于奉献的优秀共产党员用实际行动,彰显着初心使命的强大力量;一个个感天动地的奋斗故事,汇聚成奔向民族复兴波澜壮阔的历史画卷。

案例来源:用青春诠释共产党人的初心和使命[EB/OL].(2019-07-02)[2019-11-02].https://baijiahao.baidu.com/s? id=1637907561295031367&wfr=spider&for=pc.

案例简析 >>>

不忘初心,方得始终。新时代落实新发展理念,共产党员更要坚持发展为人民。黄秀文用青春扎根基层,担任驻村第一书记,走入千家万户了解民情,想尽办法为人民谋幸福。无论遇到多大艰难困苦,她都始终牢记共产党员的使命与担当,以坚定的扶贫精神将责任扛在肩上,用实际行动诠释了共产党人"为中国人民谋幸福,为中华民族谋复兴"的初心和使命。

二、"为了谁":坚定"全心全意为人民服务"的根本宗旨,逐步实现共同富裕

"为了谁"关乎发展的宗旨与归宿问题。以人民为中心的发展思想,体现了我们党全心全意为人民服务的根本宗旨。全心全意为人民服务的宗旨是党的优良传统,也是党执政的根本立足点。毛泽东同志在《论联合政府》中提出:"紧紧地和中国人民站在一起,全心全意为中国人民服务。"①如今,以习近平同志为核心的党中央坚持这一根本宗旨,坚守"立党为公,执政为民"的理念,深刻认识到:"我们的人民热爱生活,期盼有更好的教育、更稳定的工作、更满意的收入、更可靠的社会保障、更高水平的医疗卫生服务、更舒适的居住条件、更优美的环境,期盼着孩子们能成长得更好、工作得更好、生活得更好。"②同时,"检验我们一切工作的成效,最终都要看人民是否真正得到了实惠,人民生活是否真正得到了改善,人民权益是否真正得到了保障"③。因此,全心全意为人民服务的宗旨必须始终坚持。

---

① 毛泽东.毛泽东文集:第三卷[M].北京:人民出版社,1991:1039.
② 何毅亭.学习习近平总书记重要讲话[M].北京:人民出版社,2013:16.
③ 何毅亭.学习习近平总书记重要讲话[M].北京:人民出版社,2013:37.

　　"为了谁"是中国历史发展过程中始终需要回应与解决的问题。"明镜所以照形，古事所以知今。"中国传统文化同样蕴含着丰富的民本思想，5000多年的中国历史也时刻警醒我们为人民服务的重要性。正如习近平总书记所说，"今天，我们回顾历史，不是为了从成功中寻求慰藉，更不是为了躺在功劳簿上、为回避今天面临的困难和问题寻找借口，而是为了总结历史经验、把握历史规律，增强开拓前进的勇气和力量"①。这种勇气与力量来自于人民。治国有常，而利民为本。我们党来自人民、服务人民，党的一切工作，必须以最广大人民的根本利益为最高标准，将人民放在心中最高的位置。人民群众是发展的主体，也是发展的最大受益者。坚持以人民为中心的发展思想，就要把增进人民福祉、促进人的全面发展作为发展的出发点和落脚点，发展人民民主，维护社会公平正义，保障人民平等参与、平等发展的权利。

　　"为了谁"集中体现了逐步实现共同富裕的目标要求。共同富裕，是马克思主义的一个基本目标，也是自古以来我国人民的共同理想。因此，明确了人民的理想和目标，也就明确了党的执政目标。按照马克思、恩格斯的构想，共产主义社会将彻底消除阶级之间、城乡之间、脑力劳动和体力劳动之间的对立和差别，实行各尽所能、按需分配，真正实现社会共享、实现每个人自由而全面的发展。实现这个目标需要一个漫长的历史过程。我国正处于并将长期处于社会主义初级阶段，我们不能做超越阶段的事情，但也不是说在逐步实现共同富裕方面就无所作为，而是要根据现有条件把能做的事情尽量做起来，一步步落实好以人民为中心的发展，积小胜为大胜，不断朝着全体人民共同富裕的目标

---

① 习近平.习近平谈治国理政：第二卷［M］.北京：外文出版社，2017：32.

前进。

　　从浙江到全国,从"人民对美好生活的向往,就是我们的奋斗目标"到"始终要把人民放在心中最高的位置",从"坚持以人民为中心的发展理念"到"民心是最大的政治",从"紧紧依靠人民推动改革"到"共享发展成果",我们党始终把执政为民的核心理念转化为党的路线、方针和政策,融入发展目标的确立、发展方向的明确、发展思路的拓展及我国经济社会发展各项工作之中。

◆ 案例 4-2

内蒙古呼和浩特:擘画民生新图景　共享幸福新生活

　　民生天下事,点滴暖人心。2019 年,内蒙古呼和浩特市委、市政府始终牢记习近平总书记嘱托,把人民对美好生活的向往当作奋斗目标,把保障和改善民生作为一切工作的出发点和落脚点,着力解决群众的操心事、烦心事、揪心事,强化责任担当,坚守民生情怀,将 70% 左右的财政支出用于保障改善民生。一件又一件民生实事落地,为以人民为中心的发展思想写下了生动而温暖的注脚,也让"为人民谋幸福"的初心愈加闪耀,浓浓的民生情怀已深深融入首府奋斗的底色,温暖着千家万户……

　　这一年来,为了"治堵",呼和浩特市多部门联合发力:拆除围挡还路于民、优化公交线网、开展占用道路整治行动、构建多样化出行体系。与此同时,地铁 1 号线的开通缓解了交通拥堵,1 号线沿新华大街主干道依次穿越回民区、新城区、赛罕区三大主要城区,途经乌兰夫纪念馆、人民会堂、将军衙署、内蒙古博物院等重要地标建筑和火车东客站与白塔机场,正线全长 21.719 千米,共设车站 20 座,市民不论是去景点观光,还是乘坐地铁赶火车和飞机,都不用担心堵在路上了。

2019 年 4 月,为解决房地产项目的遗留问题,呼和浩特市出台了"53 号文件",形成了"并联审批""费证分离""以函代证"等政策体系,实行"台账化管理、项目化施工、全程化监督"工作机制,全力推动解决群众"办证难""回迁难""入住难"问题,并于 7 月 1 日启动了"四个百日行动",全力解决房地产项目遗留问题和市场乱象。

截至 2019 年 11 月 22 日,呼和浩特市未脱贫贫困人口全部实现脱贫退出,全市在市域范围内全面消除绝对贫困。这不仅是一份沉甸甸的成绩单,更是全市上下奋斗逐梦的真实写照。

案例来源:云静. 擘画民生新图景　共享幸福新生活[EB/OL]. (2020-01-14)[2020-01-30]. http://www. huhhot. gov. cn/zwdt/zwyw/202001/t20200114_610834. html.

案例简析 >>>

贯彻以人民为中心的发展思想,呼和浩特市党员干部坚持全心全意为人民服务的根本宗旨,充分发挥模范带头作用,积极应对和及时解决百姓遇到的各种难题。尤其是在帮助市民实现脱贫致富的过程中,党员干部通过修建地铁、解决"办证难""回迁难""入住难"等问题、消除贫困等方式为人民谋幸福,真正做到"知民难,解民忧",用实际行动践行了党员干部"为人民服务"的使命,将人民生活的改善和人民权益的保障落到实处。

三、"依靠谁":坚定"人民是创造历史的动力"的马克思主义唯物史观

"依靠谁"关乎发展的主体与动力问题。以人民为中心的发展思想,体现了人民是推动发展的根本力量的唯物史观。习近平总书记指出:"人民是创造历史的动力,我们共产党人任何时候都不

要忘记这个历史唯物主义最基本的道理。"①只有坚持这一基本原理,才能把握历史前进的基本规律;只有按历史规律办事,才能无往而不胜。尊重人民首创精神,自觉拜人民为师,向能者求教,向智者问策,从群众中汲取无穷的智慧和力量。紧紧依靠人民,广泛动员和组织人民投身到党领导的伟大事业中来。

回顾我国革命、建设和改革的历史,人民群众创造历史的主体作用,人民群众作为力量的源泉贯穿始终。新民主主义革命期间,正是广大人民群众以奋不顾身的抗争精神,汇成排山倒海的革命洪流,筑成真正的铜墙铁壁,最终推翻了压在中国人民头上的帝国主义、封建主义、官僚资本主义三座大山,实现了民族独立、人民解放、国家统一、社会稳定。社会主义革命和社会主义建设时期,全国各族人民翻身做主人,迸发出冲天干劲,在短时间内实现了社会制度的伟大跨越,在一穷二白的基础上用心血和汗水为经济社会发展打下了坚实基础。改革开放历史新时期,许多推动改革发展进程的新经验新举措,也都是人民群众在实践中摸索创造出来的。可以说,我们党取得的所有成就都是依靠全国人民共同奋斗的结果。

坚持人民的主体地位,保证人民当家作主。坚持以人民为中心的发展思想,必须坚持中国特色社会主义政治发展道路,坚持和完善人民代表大会制度、中国共产党领导的多党合作和政治协商制度、民族区域自治制度、基层群众自治制度,巩固和发展最广泛的爱国统一战线,发展社会主义协商民主,扩大人民有序政治参与,把人民当家作主落实到国家政治生活和社会生活之中,保证人

---

① 中共中央宣传部.习近平总书记系列重要讲话读本[M].北京:学习出版社,人民出版社,2016:128.

民广泛参加国家治理和社会治理,巩固和发展生动活泼、安定团结的政治局面。

"功以才成,业由才广。"从浙江到全国,党和国家高度重视人才的重要作用。党和人民事业要不断发展,就要把各方面人才更好地使用起来,聚天下英才而用之。要以识才的慧眼、爱才的诚意、用才的胆识、容才的雅量、聚才的良方,广开进贤之路,把党内和党外、国内和国外等各方面优秀人才吸引过来、凝聚起来,努力形成人人渴望成才、人人努力成才、人人皆可成才、人人尽展其才的良好局面。

◆◆ **案例 4-3**

广西:激发人民内生动力　精准扶贫狠抓落实

广西是全国脱贫攻坚的主战场之一。党的十八大以来,广西壮族自治区党委、自治区人民政府把打赢脱贫攻坚战作为最大的政治责任、最大的民生工程、最大的发展机遇,突出问题导向,下足绣花功夫,聚焦深度贫困地区和特殊贫困群体,着力激发贫困人口内生动力,让群众主动干起来。坚持把提高脱贫质量放在首位,坚持扶贫同扶志扶智相结合,坚持开发式扶贫和保障性扶贫相统筹,着力夯实贫困人口稳定脱贫基础,切实提高贫困人口获得感,脱贫攻坚取得决定性进展。

秀美山川,是广西壮族自治区的代名词之一,但大山也曾经挡住了广西人民的脚步,紧扼了各族群众的生计。改革开放之初,广西有农村贫困人口 2100 万人,贫困发生率高达 70%。

党的十八大以来,广西脱贫攻坚按下"快进键",党员干部与广大群众共同奋进、精准发力,让贫困地区面貌发生了巨大变化。2012—2017 年,广西累计减少贫困人口 709 万人。2018 年,广西实现 116 万建档立卡贫困人口脱贫、1452 个贫困村出列,广西农村贫困发生率已由改革开放之初的 70% 下降到 3.7%。靖西市与越南接壤,属于国家级深度贫困县。该市把产业培育作为兴边富民的核心,近 3 年累计投入资金 4.6 亿元扶持"三种一养"特色产业发展。目前,全市发展水果种植 18.6 万亩,桑园 18.0 万亩,县级"5+2"特色产业贫困户覆盖率为 93.4%。河口村从以前桂江边的一个小村落成为梧州市高新技术产业开发区核心开发区。近年来,该村全面升级改造,通过自主招商积极引进外来客商以承租、合作开发等模式,不断壮大村级集体经济。在脱贫攻坚战役中,广西多措并举,越来越多的贫困群众心被焐热、劲被鼓起,通过自身努力与外界助力告别了贫困状况。

案例来源:童政,周骁骏.下足绣花功夫 扶贫精准发力[N].经济日报,2019-08-06(07).

案例简析 >>>

群众路线是党的生命线。脱贫攻坚,不仅需要广大党员干部以身作则,发挥先锋模范作用,更离不开广大人民群众齐心协力的共同奋斗。人民是创造历史的主体,激发广大群众的内生动力,发挥人民主体的巨大创造力,是打赢脱贫攻坚战、决胜全面小康的关键所在。广西受地理环境方面条件所限,经济发展处于相对落后状态,很多百姓都要为生计犯愁。以党员干部带动广大群众积极打赢脱贫攻坚战,激发贫困人口内生活力,为快速改变地区发展落后状况提供了积极动力。"靠人吃饭空米缸,下田流汗谷满仓",广西的脱贫攻坚充分见证了人民群众在社会发展中的主体力量。

第二节　坚持以"问题意识"分析发展

创新、协调、绿色、开放、共享的新发展理念不是凭空得来的,而是在深刻总结国内外发展经验教训、分析国内外发展大势的基础上形成的,也是针对我国发展中的突出矛盾和问题提出来的,集中反映了党对我国发展规律认识的深化与创新。新发展理念,深刻揭示了实现更高质量、更有效率、更加公平、更可持续发展的必由之路,是关系我国发展全局的一场深刻变革。

新发展理念是针对我国经济发展进入新常态、世界经济复苏低迷形势提出的治本之策。当前,世界经济在大调整大变革之中出现了一些新的变化趋势,原有增长模式难以为继,科技创新孕育新的突破。我国发展的环境、条件、任务、要求等都发生了新的变化,我国发展仍处于重要战略机遇期,但战略机遇期的内涵已经发生了深刻变化,经济发展进入新常态,转方式、调结构的要求日益迫切。面对这种新变化新情况,再坚持粗放发展模式,简单地追求增长速度,显然行不通,必须确立新发展理念来引领和推动我国经济发展,不断开创经济发展新局面。

新发展理念是针对当前我国发展面临的突出问题和挑战提出来的战略指引。创新,注重的是解决发展动力问题,在国际发展竞争日趋激烈和我国发展动力转换的形势下,只有把发展基点放在创新上,形成促进创新的体制架构,才能塑造更多依靠创新驱动、发挥先发优势的引领型发展。协调,注重的是解决发展不平衡问题,只有坚持区域协同、城乡一体、物质文明精神文明并重、经济建设国防建设融合,才能在协调发展中拓宽发展空间,在加强薄弱领域中增强发展后劲。绿色,注重的是解决人与自然和谐的问题,只有坚持绿色富国、绿色惠民,为人民提供更多优质生态产品,推动形成绿色发展方式和生活方式,才能协同推进人民富裕、国家富强、中国美丽。开放,注重的是解决发展内外联动问题,只有丰富对外开放内涵,提高对外开放水平,协同推进战略互信、经贸合作、人文交流,才能开创对外开放新局面,形成深度融合的互利合作格局。共享,注重的是解决社会公平正义问题,只有让广大人民群众共享改革发展成果,才能真正体现中国特色社会主义制度的优越性。

一、创新:解决发展动力不强劲问题

坚持创新发展,是分析近代以来世界发展历程,特别是总结我国改革开放成功实践得出的结论,是应对发展环境变化、增强发展动力、把握发展主动权,更好地引领经济新常态的根本之策。从近代以来的世界发展历程可以清楚看到,一个国家的创新能力从根本上影响甚至决定了这个国家的前途命运。每一次创新带来的科技和产业革命都深刻改变了世界发展格局。发端于英国的第一次产业革命使英国成为世界霸主;美国抓住第二次产业革命机遇,成为世界第一。当今世界,发展越来越依赖于理论、制度、科技、文化等多领域创新,谁在创新上先行一步,谁就能拥有引领发展的主动权。就我国社会发展而言,经过多年努力,虽然经济总量跃居世界第二,但大而不强、臃肿虚胖问题仍然突出,通过创新驱动发展已经成为迫切的要求。新阶段,我国科技整体水平有所提高,但从整体上看,关键核心技术受制于人的局面尚未改变,多种产业还处于全球价值链中低端,一些重要原材料、关键零部件、高端装备依赖进口,同时,长期积累的结构性矛盾突出,发展动力不足的问题仍然存在,发展约束条件尤其是资源环境约束条件日益严重,而解决这些发展问题和困难的关键就在于创新。

把创新摆在第一位,是因为创新是引领发展的第一动力。发展动力决定发展速度、效能、可持续性。对我国这么大体量的经济体来讲,如果动力问题解决不好,要实现经济持续健康发展和"两个翻番"是难以做到的。简言之,抓住了创新,就抓住了牵动经济社会发展全局的"牛鼻子"。"创新是引领发展的第一动力,创新发展注重的是解决发展动力问题,必须把创新摆在国家发展全局的核心位置,让创新贯穿党和国家一切工作。"①要充分发挥中国特色社会主义优势,切实转变政府职能,完善科技成果转化激励制度,促进产学研一体化,鼓励创新,形成推动攻克关键核心技术的强大合力,促进技术创新与管理创新融合,提高综合创新能力。

◆◆ 案例 4-4

江苏"智造"促高质量发展

江苏加快科技创新蹄疾步稳,全力推动"江苏制造"向"江苏创造""江苏智造"转变,瞄准新一代信息技术、生物医药、纳米技术应用和人工智能,努力打造现代先导产业,努力从"跟跑"向"并跑"直至"领跑"转变。

在江苏泰州疫苗工程中心实验室操作台上,几盒用于测定HPV(人乳头瘤病毒)抗原浓度的 96 孔细胞培养板有序排列,等待

---

① 中共中央宣传部.习近平新时代中国特色社会主义思想学习纲要[M].北京:人民出版社,2019:110.

伽马射线灭菌处理。据介绍,两种二价和一种九价的 HPV 疫苗已经进入临床试验阶段,预计将于两三年后上市。

作为技术孵化和产品转化中心,泰州中国医药城可为企业提供实验室研发、仪器共享、中试生产、临床评价等一站式技术服务与支持,眼下已孵化出 20 多家企业。

泰州中国医药城只是江苏先进制造业集聚发展的缩影之一,体现了互联网与各行各业的深度融合,数字创新下沉到生产制造的核心地带,数字化开始推进到供应链的每个环节……如今,新一代信息技术正推动江苏生产方式发生深刻变革。

案例来源:薛海燕,蒋波.努力领跑高质量发展[N].经济日报,2019-08-27(11).

案例简析 >>>

以国家和整个产业发展需要的长远眼光定位发展目标,是企业创新发展的关键。面对资源环境约束等原因造成的企业发展动力不足的困难,江苏时刻关注世界发展的新趋势,抓住"创新科技"这个企业发展的重要的支撑力量,利用新时代高科技提高创新发展能力。从生物科技到数字信息,江苏"智造"引领生产方式变革。

二、协调:解决发展区域不平衡问题

协调是持续健康发展的内在要求,它之所以如此重要,就在于它反映事物发展的客观规律。社会是一个包括政治、经济、文化等多要素的有机体,在此基础上形成了多种关系。如果这些关系处理不妥当,就会出现不平衡状态,进而影响整个社会的健康发展。例如,供给体系和需求体系的脱节会导致供求失衡、产能过剩;精神文明建设出现问题,社会风气变坏,反过来制约经济发展等。协调是一个动态的历史过程,在不同阶段的表现也不尽相同。我国

发展不协调是一个长期存在的问题,突出表现在区域、城乡、经济社会等各方面。新形势下,协调发展具有新特点。习近平总书记总结道,"协调既是发展手段又是发展目标,同时还是评价发展的标准和尺度;协调是发展两点论和重点论的统一⋯⋯是发展平衡和不平衡的统一⋯⋯是发展短板和潜力的统一"①。为推动社会经济协调发展,他多次深入调研,足迹遍布祖国的山山水水。2014年在北京考察时,他强调京津冀要自觉打破自家一亩三分地的思维定式,实现协同发展;2015年在浙江调研时,他要求提高城乡发展一体化水平;2016年在推进"一带一路"建设工作座谈会上,他强调要树立全国一盘棋思想,加强协调,形成合力;2017年在党的十九大报告中,他提出实施乡村振兴战略和区域协调发展战略;2018年在深入推动长江经济带发展座谈会上,他要求"做好区域协调发展'一盘棋'这篇大文章";2019年在京津冀协同发展座谈会上,他强调要构建促进协同发展、高质量发展的制度保障。而今,东部率先、西部开发、东北振兴、中部崛起,东西南北中,"全国一盘棋"的经济社会发展蓝图已然清晰呈现。

总之,"协调是持续健康发展的内在要求,协调发展注重的是解决发展不平衡问题,必须正确处理发展中的重大关系,不断增强发展整体性"②。协调发展就是找出短板,在补齐短板上多用力发力,通过补齐短板挖掘发展潜力、增强发展后劲。因此,在解决发展中的不平衡问题时,既要着力破解难题、补齐短板,又要考虑巩固和厚植原有优势,两方面相辅相成、相得益彰,才能实现高水平

① 中共中央宣传部.习近平总书记系列重要讲话读本[M].北京:学习出版社,人民出版社,2016:133-134.

② 中共中央宣传部.习近平新时代中国特色社会主义思想学习纲要[M].北京:学习出版社,人民出版社,2019:110.

发展。树立协调发展理念,必须牢牢把握中国特色社会主义事业总体布局,正确处理发展中的重大关系,重点促进城乡区域协调发展,促进经济社会协调发展,促进新型工业化、信息化、城镇化、农业现代化同步发展,在增强国家硬实力的同时注重提升国家软实力,不断增强发展整体性。

◆ **案例 4-5**

新疆昌吉回族自治州:以协调发展理念促全域旅游高质量发展

第二批"不忘初心、牢记使命"主题教育开展以来,新疆昌吉回族自治州(以下简称昌吉州)认真贯彻自治区党委"8+2"专项整治和"1+3+3"为民办实事部署安排,以新发展理念破解旅游产业发展中的瓶颈问题,丰富完善旅游产品,协调推进全域旅游高质量发展。

昌吉州坚持高位统筹推进、坚持问题导向整改、坚持突出重点提升,全力营造高质量旅游环境,以实际行动践行以人民为中心的发展理念,将旅游新业态与生态改善、文化发展、乡村振兴、脱贫攻坚结合起来,提升旅游服务质量,加强旅游品牌创建,增进旅游富民效果,构建起全域共建、全域共融、全域共享的旅游业发展新模式。

昌吉州坚持问题导向、目标导向,州县联动组织专门力量对全州旅游景点、景区具体情况进行全覆盖式摸底调查,发现各类问题354个,已全部限期整改完毕。在实地调研的基础上,昌吉州召集文旅、电力、通信等相关部门参与解决"三难一不畅"(加油难、停车难、上厕所难,通信信号不畅)问题现场推进会,加快在建、拟建项目推进力度。目前,完成新建或改扩建旅游厕所300座、生态停车场35个、加油站10个、通信基站60个。

昌吉州建立与周边地市的跨区域旅游合作机制,启动两地五县全域旅游联盟,联合召开乌昌吐石克文旅融合推进会,建立应用智慧旅游大数据平台,错时错峰开展各类文旅活动,做到"月月有主题,周周有活动"。

截至 2019 年 12 月中旬,昌吉州在近一年的时间里已接待游客 3828.6 万人次,同比增长 46.9%;旅游收入达 726.4 亿元,同比增长 54.4%。

案例来源:张治立.昌吉州:以新发展理念促全城旅游高质量发展[N].新疆日报,2020-01-01(A03).

案例简析 〉〉〉

推动少数民族地区的全面协调发展,一直是我国社会发展的重心之一。以协调发展理念推动少数民族地区经济、政治、文化、社会、生态的全方位发展进步,缩小地域发展差异,扭转地区间发展不平衡不协调状况,是推动中国社会和谐稳定、关乎国家发展全局的重要事业。新疆昌吉州正是在发展实践中着重突出发展的协调性、关联性作用,充分利用地方旅游资源,建立旅游大数据平台,激励旅游服务供给,将经济发展、环境保护、文化创新等多个系统有机融合,才形成了多方位协调与联动的高质量发展模式,从而取得了良好的发展效益。

三、绿色:解决发展中人与自然不和谐问题

绿色发展,就是要解决好人与自然和谐共生的问题。人与自然本身就是互相依赖的有机整体,对自然的伤害最终会伤及人类自身,这是无法否定的规律。因此,只有保护大自然,把它当作朋友一样,才能与自然和谐相处,最终使人得到更好的发展。恩格斯深刻指出,"我们不要过分陶醉于我们人类对自然界的胜利。对于

每一次这样的胜利,自然界都对我们进行报复。每一次胜利,起初确实取得了我们预期的结果,但是往后和再往后却发生完全不同的、出乎预料的影响,常常把最初的结果又消除了"①。改革开放以来,我国经济发展取得突破性成就,得到了世界的瞩目。但是,我们必须看到,在长期快速经济发展的同时积累了大量生态环境问题,各类环境污染呈高发态势,其中,大气、水、土壤等污染治理是重点任务,生态环境保护任重而道远。例如,污染天气时而出现,大江大河重点流域的支流污染严重,重点湖库和部分海域营养化问题突出,城市黑臭水体大量存在,农用地土壤环境质量堪忧,工矿企业及其周边土壤环境问题突出等。

绿色发展是满足人民日益增长的美好环境需要的内在要求。目前,我国社会主要矛盾已经转化为人民日益增长的美好生活需要同不平衡不充分的发展之间的矛盾,其中,生态问题作为民生之患已经成为满足人民美好生活需要的短板。"随着我国社会主要矛盾发生变化,人民群众对优美生态环境的需要成为这一矛盾的重要方面,广大人民群众热切期盼加快提高生态环境质量。必须把生态文明建设摆在全局工作的突出地位,积极回应人民群众所想、所盼、所急,大力推进生态文明建设。"②因此,树立绿色发展理念,必须坚持可持续发展,坚定走生产发展、生活富裕、生态良好的文明发展道路,加快建设资源节约型、环境友好型社会,形成人与自然和谐发展的现代化建设新格局,推进美丽中国建设,为全球生态安全作出新贡献。

---

① 中共中央马克思恩格斯列宁斯大林著作编译局.马克思恩格斯全集:第二十六卷[M].北京:人民出版社,2014:769.

② 中共中央宣传部.习近平新时代中国特色社会主义思想学习纲要[M].北京:人民出版社,2019:168.

◆◆◆ **案例 4-6**

甘肃舟曲:用绿色绘就发展新底色

在 2019 年里,舟曲县收获满满——拉尕村和各皂坝村分获第三届"中国最美乡村"和"全国百佳旅游目的地"称号,"棒棒槽蜂蜜"获国家农产品地理标志登记保护产品……成绩的背后,是舟曲县践行绿色发展理念的不懈努力。绿色生态是舟曲县一大优势,向绿色生态要发展、要效益,最直接的路径就是发展绿色生态产业。

截至目前,舟曲县已建成特色种养基地 82 个,经济林果、汉藏药材、羊肚菌、从岭藏鸡、中华蜂、金丝皇菊、油用牡丹等绿色生态产业快速发展。全县已规范提升农民专业合作社 345 个,组建联合社 4 个,带动 298 家经营主体和 2085 户农户参与"三变"改革,分红 1475 万元。

绿水青山就是金山银山,舟曲的发展同样也绕不开山和水。舟曲县海拔相对较低,气候宜人,资源禀赋为发展乡村旅游创造了条件。近年来,随着基础设施和旅游公路日臻完善,拉尕山、翠峰山等景区的名气也越来越旺,一批旅游专业村、国学文化村和园林式生态农庄应运而生,白龙江畔"柿子红、玉米黄、油菜香"成为一道靓丽的风景线。

走进享有"全国文明村镇""中国美丽乡村百佳范例"多项殊荣的大川镇土桥子村,错落有致的葡萄架和江南韵味的水景,给人一种"春景夏山虽碧色,不及小院苔痕景"的惬意之感。守护绿水青山,关键在于积小胜为大胜,做生态文明的践行者。近年来,舟曲县持续加强生态保护与修复治理,努力构筑生态安全屏障,深入推进国土绿化行动。行动中,广大党员干部带头,群众积极参与,共同为荒山披上绿衣。与此同时,舟曲县不断加强环境治理、整治村容村貌、提升景点服务、举办旅游文化节、保护和展示特色服饰和民间戏……一系列举措给舟曲县乡村旅游业注入了新的生机和活力。2019年,全县接待旅游人数达150万人次,同比增长23.80%;实现旅游综合收入7.03亿元,同比增长25.60%。更喜人的是,经县乡自查自验、州级初验,2019年全县综合贫困发生率为0.83%,贫困村退出比例达97.70%。

案例来源:徐锦涛.舟曲:用绿色绘就发展新底色[N].甘肃日报,2020-01-22(09).

案例简析 >>>

人与自然环境的和谐共生既是实现美好生活的必要前提,也是经济社会获得健康持久发展的根本条件。舟曲县以绿色发展理念作为地区经济发展的指引,实现了经济发展与环境保护的双向互动,以发展实践有力诠释了绿水青山就是金山银山的价值内涵。经济发展与环境保护并不是相互割裂、彼此对立的过程,相反,从长远发展的视角来看,二者是辩证统一、相互支撑的关系。甘肃舟曲县在美丽中国建设上进行了有益探索,从发展绿色生态产业到开发乡村旅游资源,舟曲县将守护绿水青山与发展绿色经济有机结合,创造了良好的经济与生态效益,为人民群众带来了美好生活的福祉。

四、开放:解决发展中内外联动不紧密问题

开放发展是新发展理念的重要内涵,是国家繁荣发展的必由之路。开放发展何以重要?经济全球化是技术进步的必然结果,是生产力发展的客观要求,更是谋划发展所必须面对的时代潮流。当今世界各国经济日益融合,生产要素全球流动,各国日益形成利益共同体、命运共同体。实践告诉我们,要发展壮大,必须主动顺

应经济全球化潮流，坚持对外开放，充分运用人类社会创造的先进科学技术成果和有益管理经验。

新时代进一步开放发展，面临的国际国内形势同以往有很大不同，总体上有利因素更多，但也面临更深层次的风险挑战：国际力量对比正在发生前所未有的积极变化，但更加公正合理的国际政治经济秩序的形成依然任重道远；世界经济逐渐走出国际金融危机阴影，但还没有找到全面复苏的新引擎；我国在世界经济和全球治理中的分量迅速上升，但经济大而不强问题依然突出，我国经济实力转化为国际制度性权力依然需要付出艰苦努力；我国对外开放进入引进来和走出去更加均衡的阶段，但支撑高水平开放和大规模走出去的体制和力量仍显薄弱。树立开放发展理念，就必须顺应我国经济深度融入世界经济的趋势，奉行互利共赢的开放战略，坚持内外需协调、进出口平衡、引进来和走出去并重、引资和引技引智并举，发展更高层次的开放型经济，积极参与全球经济治理和公共产品供给，提高我国在全球经济治理中的制度性话语权，构建广泛的人类命运共同体。

◆◆ 案例 4-7

上海：借助进博会平台，探路对外开放新高地

2019 年上海两会上，上海明确提出要加快建设更高层次的开放型经济新体制；探索保税展示交易常态化模式，引进更多的国际资本、国际企业，进一步放大进口博览会的溢出带动效应。

时任上海市市长应勇透露，第二届进博会相关工作正有序推进，热忱欢迎更多全球优秀企业带着更多的优质产品来参展，也希望有更多国内企业参与，共赢发展。

与此同时，越来越多的外国企业被中国高水平对外开放吸引，

对进博会热情不减。数据显示,已有 40 个国家和地区、500 多家企业签约参展第二届进博会,80％为首届进博会参展企业,其中世界 500 强企业和行业龙头企业 70 多家。

全国政协委员、上海市政协港澳台侨委员会主任沈敏表示,可探讨如何进一步发挥海外华侨华人的作用,牵线搭桥,引进项目;上海市政协常委、上海市政协港澳台侨委员会常务副主任徐力建议在新一届进博会召开之际,将侨务部门作为正式的参与筹备部门。在上海国际问题研究院院长陈东晓看来,进博会要办出水平、办出成效、越办越好,应对标打造"中国达沃斯",在推动可持续发展方面再审视、再谋划、再提高,在推进政府主导、市场运作、企业运营、资金统筹、政策支持等模式方面再探索。

中共上海市委书记李强说,上海三项新的重大任务连同进口博览会,是国家进一步深化改革开放的"组合拳",将极大地拓展上海发展空间、增强发展动力、重塑城市格局;上海要进一步放大进口博览会的溢出带动效应,打造面向全球、服务全国的开放式创新示范场和聚散地,推动创造新时代上海发展的新传奇。

案例来源:许婧. 上海借进博会平台探路对外开放新高地[EB/OL]. (2019-02-01)[2019-12-28]. https://baijiahao. baidu. com/s? id＝1624252296379884202＆wfr＝spider＆for＝pc.

案例简析 >>>

要发展壮大,必须坚持对外开放;要实现经济发展的内外联动,必须坚持对外交流。这是改革开放以来我国经济发展的宝贵经验。"上海进博会"为中外经济交流牵线搭桥,是改革开放的一个典型项目,也是促进经济发展的平台,不仅提高了对外交流的程度,更推动了对外合作的高质量发展。

五、共享：解决发展中公平正义不充分问题

新时代共享发展理念的再定位，成为当前我国社会经济发展的核心命题。"共享"作为新发展理念的出发点和落脚点，这一理念的提出是对中国特色社会主义现实问题的及时回应，共享是中国特色社会主义的本质要求。"共享是中国特色社会主义的本质要求，共享发展注重的是解决社会公平正义问题，必须坚持全民共享、全面共享、共建共享、渐进共享，不断推进全体人民共同富裕。"[①]共享发展理念，其内涵主要有四个方面：一是共享覆盖面，即共享发展是人人享有、各得其所，不是少数人共享、一部分人共享。二是共享领域，即共享发展就要共享国家经济、政治、文化、社会、生态文明各方面建设成果，全面保障人民在各方面的合法权益。三是共享动力，即只有共建才能共享，共建的过程也是共享的过程。四是共享过程，即共享发展必将有一个从低级到高级、从不均衡到均衡的过程，即使达到很高的水平也会有差别。

当前我国社会的主要矛盾已经转化为人民日益增长的美好生活需要同不平衡不充分的发展之间的矛盾。事实上，人民日益增长的美好生活需要体现的是全体人民对美好生活状态、发展机会、社会权利的实质性诉求，而不平衡在不充分之前更表现出社会财富在地区间、群众间供给的差异，其实质是关乎分配是否公平的问题。"'有发展成果'和'分配发展成果'"谁为历史主题之争是发展伦理出场的历史背景。在这个背景下，分配正义作为一种价值主张蕴含在发展伦理中。而分配正义的'共享'的呈现方式，契合了它的社会历史性，体现了它的伦理诉求，体现在发展伦理对分配正

---

①　中共中央宣传部.习近平新时代中国特色社会主义思想学习纲要[M].北京：人民出版社，2019：110.

义的关切中。"①社会主义的最终目标是提高人民生活水平,并且让人民公平享有社会发展成果,共享发展理念契合了这一要求,它充分回应了人民对公平正义的呼唤,直接指向群众最现实、最迫切和最根本的利益诉求,秉持人人共享、全面共享和合作共享的发展取向,使人民群众的共享价值追求不断丰富和发展。

树立共享发展理念,就必须坚持发展为了人民、发展依靠人民、发展成果由人民共享,作出更有效的制度安排,使全体人民在共建共享发展中有更多获得感,增强发展动力,增进人民团结,朝着共同富裕方向稳步前进。

◆◆◆ 案例 4-8

江苏华西村:让村民持续共享集体发展的成果

孙永红家住房的变迁,是华西村自改革开放以来坚持走发展集体经济、实现共同富裕道路的生动缩影。这个仅拥有 600 多亩农田的苏南村庄,当年按照"宜统则统、宜分则分"的政策指导,从本村人多地少的实际出发,选择走发展集体经济、兴办乡镇企业的道路。2017 年,华西村上缴税收由 1978 年的 28.18 万元增加到13.56 亿元,村民人均年收入也由 1978 年的 220 元增加到 9.05 万元,增长了 400 多倍。

近几年,华西村在公共文体、卫生设施方面不断加大投入,先后建起文体活动中心、健康体检中心、月子疗养中心、老年活动中心等。村文体活动中心面积达 3 万多平方米,各类健身设施齐全,电影院同步放映各大院线影片,是华西人健身休闲的好去处。

---

① 张彦,洪佳智.论发展伦理在共享发展成果问题上的"出场"[J].哲学研究,2016(4):101-107.

"少分配多积累,少拿现金多入股",为壮大集体经济,华西村多年来实行这样的分配机制。华西人既是村民也是职工,作为职工有工资、奖金收入;作为村民有年底按股分红,奖金的80%作为资本参股,第二年按股分红。这种机制既满足了企业发展的资金需求,也让村民持续共享集体发展的成果。

2017年,在华西村党委书记吴协恩的推动下,华西村开始实行用人、机制和股份等三项改革,村民收入主要由"年薪+分红"构成。"集体经济不是吃大锅饭,是靠本事吃饭。"吴协恩表示,要通过改革调动每个人,尤其是年轻人的积极性,让华西村永葆集体经济的活力。对改革,孙永红坚决支持,"华西村要建百年企业、百年村庄,必须要有激励干事创业的机制做保障,村里一些年轻人过去满足于按股分红,产生懒惰思想。改革之后,谁贡献大谁分配的多,年轻人干事创业的动力更足了"。

30岁的葛晓燕是嫁到华西村的媳妇,2009年来到华西村,深刻感受到村里年轻人的变化,"大家的危机感、竞争意识被激发出来了,就像吴协恩所说,'年轻人必须努力,在华西你不进则退'"!

案例来源:申琳.华西村里看活力[N].人民日报,2018-12-05(4).

案例简析 >>>

经济共享权的核心是财富分配的正义。它是解决发展成果分配共时性难题的关键所在。共享发展成果越来越成为人民的共同诉求。华西村坚持发展集体经济,兴办乡村企业的发展道路,使人民群众收益翻倍,获得了实实在在的利益。在利益分配方面,他们按股分红,按贡献分红,真正做到共享发展成果。同时,还加大基础设施建设,让人民在增收的基础上注重健康休闲。这样不仅保障了人民群众最根本的利益,而且在做法上为全国实现共同富裕树立了典型。

第三节　坚持以"关键少数"领导发展

党的十八届五中全会提出创新、协调、绿色、开放、共享的新发展理念,是顺应时代潮流的战略抉择,是实现美丽中国梦的行动指南,也是马克思主义中国化的最新理论成果。新发展理念要落地生根,变成普遍实践,领导干部的认识和行动起着十分关键的作用。习近平总书记强调,党员干部特别是领导干部要提高贯彻新发展理念的能力和水平,成为领导经济社会发展的行家里手。领导干部践行新发展理念,要坚持用习近平总书记系列讲话武装头脑,放手大胆地干,努力锻造本领,这是时代发展的情势所趋,是领导干部增强自身能力的重要方式,也是彻底贯彻践行新发展理念的必然要求。

一、深学笃用:不断学、深入学、持久学

"知之愈明,则行之愈笃。"这是习近平总书记对领导干部提出的要求,确立新发展理念,领导干部要有专业思维、专业素养、专业方法,结合历史学,多维比较学,联系实际学,深入把握新发展理念对经济社会发展各项工作的指导意义,真正做到崇尚创新、注重协调、倡导绿色、厚植开放、推进共享。在此基础上,深入学、持久学,从灵魂深处确立对新发展理念的自觉和自信。从整体把握新发展理念,不仅仅是政治要求,而且在专业知识方面同样具有要求。

如何才能让"学"更有效?以下两方面为党员干部学习提供了重要参考。一方面,增强马克思主义哲学理论学习,掌握辩证思维

规律。习近平总书记在 2019 年第一期《求是》杂志上发表的重要文章《辩证唯物主义是中国共产党人的世界观和方法论》中提出,事必有法,然后可成。同样,我们的事业越是向纵深发展,就越要不断增强辩证思维能力。① 为此,要加强马克思主义哲学理论学习,为增强辩证思维能力提供参考。要加强马克思主义哲学理论学习,掌握辩证思维规律。哲学的思维特征是"问道",旨在寻求万物背后的对立统一关系,辩证思维是哲学思维的核心内容,因此,加强马克思主义哲学理论学习,掌握辩证思维规律,养成辩证思维的习惯和自觉。阅读经典,提高辩证思维能力,特别是马列经典,对于领导干部提高辩证思维能力,掌握科学的思想和工作方法,进而正确分析问题、解决问题具有重大意义。另一方面,开展知识性、专业性学习,注重构建与新发展理念相适应的知识体系。习近平总书记多次强调专业水平对领导干部的重要性,在科学技术特别是互联网技术快速发展的新时代,领导干部必须具备较高的经济专业水平,在落实新发展理念的实践中,如果判断失误、选择不慎,就会发生重大问题,严重的甚至影响社会稳定。一些连续发生的重大事件一再警示,必须通过加强学习,把新发展理念贯穿领导活动全过程,落实到决策、执行、检查各项工作中,坚决杜绝"有奶便是娘"的判断,增强领导能力,提高管理水平,不断增强做决策、做工作、抓管控的原则性、系统性、预见性、创造性,才能成为经济社会管理的行家里手。

"非知之难,行知惟难。"知行合一,贵在行动。把新发展理念贯彻工作全过程,落实到决策、执行、检查的各项工作中。不能说得头头是道,做起来轻轻飘飘,要在实践中体现领导干部的学习过

---

① 习近平.辩证唯物主义是中国共产党人的世界观和方法论[J].求是,2019(1):4.

程,在实践中提高统筹贯彻新发展理念的能力和水平,不断开拓发展新境界。

◆ **案例 4-9**

海南大规模组织干部学习"取经"消除"本领恐慌"

为提高干部贯彻落实新发展理念能力,切实促进社会发展,自2018年4月13日以来(2018年4月13日,在赋予海南建设自由贸易试验区和中国特色自由贸易港的重大历史使命的同时,习近平总书记明确提出,"海南全面深化改革开放是国家的重大战略,必须举全国之力、聚四方之才"),海南省实施"探索建设自贸港"专题系列境外培训项目,组织了11批次干部赴新加坡、荷兰、美国、英国等国家,以及中国香港地区学习借鉴自由贸易港建设成功的经验,提升了建设自由贸易港的专业化能力。

据了解,培训班均采用专题授课、案例教学、现场教学、交流研讨等方式,知名专家学者和当地官员课堂授课,并拜访和考察相关政府部门、企业、大学、工厂、港口、技术研发和创新基地、科研院所等,视情况召开若干个有当地政府官员、知名企业高管及华人企业家等参加的专题座谈会。例如,在英国的斯旺西、爱丁堡、伦敦学习期间,学员们围绕英国环境治理和可持续发展法律政策体系建设,能源和产业结构调整,大气、水、土壤污染治理,国家公园建设,农村和海洋环境保护,城市可持续发展等各项课题,来到威尔士、苏格兰和英格兰的政府机构、企业、社区、农场,学习英国在环境治理和环境保护,低碳、绿色发展,以及生态文明建设引领经济社会发展方面的成功经验。

在培训过程中,学员们都带着问题学习,结合工作思考,不仅开阔了视野,更新了理念,而且结合海南实际情况,提出发展建设的真知灼见,确保"带着问题去,开出'药方'回",让更多干部共享学习成果。

案例来源:李磊.消除"本领恐慌"　为更开放的海南聚力[N].海南日报,2019-07-11(001).

案例简析 》》》

自主学习是加强党员队伍的建设的重要方式。党员干部的学习培训从来就不只是个人行为,而是始终与党的建设、事业发展紧密相连的。在提升干部的综合能力上下功夫,提高各级领导干部领导和推动科学发展的本领。新时代成就新发展,随着生产力的发展,知识更新速度也越来越快,这就为领导干部掌握新本领、更好地落实新发展理念提出"不断学习"的新要求。海南省多次组织领导干部外出学习发展经验,提高了领导管理水平。

二、创新手段:发挥改革的推动与法治保障作用

贯彻落实新发展理念,领导干部要创新手段,善于通过改革和法治推动贯彻落实新发展理念,提高工作实效性。俗话说,不破不立,一个新理念的确立,总是同旧理念的破除相伴随的。贯彻落实新发展理念,涉及面广,影响力大,不改革只能是坐而论道,最终无法到达成功的彼岸。习近平总书记特别谈到领导干部如何利用新媒体问题,他说,领导干部要学网、懂网、用网,积极谋划、推动、引导互联网发展。要积极处理安全和发展、开放和自主、管理和服务的关系,不断提高对互联网规律的把握能力、对舆论的引导能力、对信息化发展的驾驭能力、对网络安全的保障能力,把网络强国建设不断推向前进。

创新手段涉及一系列思维方式、行为方式、工作方式的变革,涉及一系列工作关系、社会关系、利益关系的调整,必须发挥改革

的推动作用、法治的保障作用。事实上,作为重要的社会治理形式和治理手段,法律发挥着引领、规范、推动、保障作用。大量社会矛盾的产生,与不按程序办事有很大关系,必须指出,在我国,法律是党和人民意志的集中体现,是治国理政最大最重要的规矩。法律运用好,可以有效化解矛盾,调节利益关系。法治是国家治理体系和治理能力的重要依托,用好法律武器往往会收到事半功倍的效果。"全面依法治国是坚持和发展中国特色社会主义的本质要求和重要保障,事关我们党执政兴国,事关人民幸福安康,事关党和国家事业发展。"①但是在现实中,仍有少数领导干部把守法当作一种约束、一种被动选择,他们对学习贯彻文件和上级部署比较重视,但是运用法律武器推动工作、解决难题的意识不强,习惯于用"老办法"和行政手段推动工作。应该看到,既然法律赋予领导干部啃硬骨头、涉深水区的"尚方宝剑",在工作中就要把这一手段用好,有了法律的支持,领导干部就可以更好地放下思想包袱,勇于担当作为。

因此,必须深入分析新发展理念对法治建设提出的新要求,深入分析贯彻落实新发展理念在法治领域遇到的突出问题,有针对性地采取对策措施,运用法治思维和法治方式贯彻落实新发展理念。

◆◆ 案例 4-10

领导干部学习直面镜头:山东 12 市开通电视问政

舆论监督是促进党员干部学习的重要方式。当前,这种学习方式在山东已成为常态,从山东省委机关报《大众日报》推出的《大

---

① 中共中央宣传部.习近平新时代中国特色社会主义思想学习纲要[M].北京:学习出版社,人民出版社,2019:95.

众调查・聚焦难点痛点堵点》栏目,到山东卫视推出的《问政山东》等栏目,再到各市委党报、卫视、网站推出舆论监督专栏,山东全省上下形成了以舆论监督解决问题、促进发展的氛围。

据初步统计,目前山东开设电视问政栏目的地方已经达到 12 个,综观这些电视问政栏目,每期突出一个主题,面对面直接解答群众诉求,直到问题得到解决为止。例如,淄博、东营、泰安等地聚焦当地住房和城乡建设中的措施不落实、管理不到位等问题,提出整改意见。2019 年 5 月 31 日晚,聊城电视台"一问到底"栏目现场播出 7 个暗访调查短片,聊城市营商环境的难点、堵点、痛点的"揭短亮丑"逐一呈现,"火药味"十足,多位被问政单位领导干部"内疚""震惊""对不起",充分检查到自身存在的问题,学习意识加强。在问政栏目现场,不少参与问政的党政领导干部都直言,把一个个问题直接甩在脸上的感觉,着实尴尬难堪,但同时也表示,这是督促他们学习的好办法。

"火热"问政监督持续落实整改中,电视问政的最大意义在于让领导干部更有效地学习如何更好地落实新发展理念,让群众满意。创新手段对领导干部更好地落实新发展理念意义重大。

案例来源:领导干部学习直面镜头,山东 12 市开通电视问政[EB/OL]. (2019-07-10) [2019-09-09]. https://shandong.hexun.com/2019-07-10/197800227.html.

案例简析 >>>

山东省通过电视问政方式"请人民阅卷",利用网络媒体等创新党员干部的学习方式和对其进行监督的手段,在落实新发展理念的过程中,党政部门人员少了"套路",面对群众反映的问题做到虚心接受,及时整改,让"学习"真正落到实处,这样的方式也得到了广大群众的肯定。领导干部通过新媒体学习提高学习能力,有效提高了工作实效性,这充分说明贯彻落实新发展理念,要做到创新手段,在发展实践中运用新思路、新方法、新形式,充分发挥改革的推动作用与法治的保障作用。

三、守住底线:及时化解矛盾风险,确保发展连续性和稳定性

守住底线,在贯彻落实新发展理念中及时化解矛盾风险。领导干部在贯彻新发展理念中的工作涉及方方面面,每一项工作都是有底线的,底线必须守住。因此,能够把底线思维运用到实践中,既是谋划和推动工作的职责所在,也是检验领导干部能力素质的重要标尺。

那么,底线思维是什么? 从整体上说,底线思维是一种防范风险的忧患意识。它是认识把握外部环境深刻变化和我国改革发展稳定面临的新情况新问题、应对各种风险挑战、维护国家安全、保持我国经济社会持续健康发展、不断推进中国特色社会主义事业、实现"两个一百年"奋斗目标和中华民族伟大复兴中国梦的内在要求,也是贯彻新发展理念的前提。"明者防祸于未萌,智者图患于将来。"推动创新发展、协调发展、绿色发展、开放发展、共享发展,前提是国家安全与社会稳定,没有安全和稳定,一切都无从谈起。底线思维要求不仅要防范社会经济系统本身运行中的问题和风险,更要防范外部环境带来的风险;不仅要认清国内形势,而且要把握国际形势,在与其他国家的交往互动中趋利避害,防控风险。底线思维具有前瞻性,它着眼于防患未然,化危为机。古语有言,"凡事预则立,不预则废",它告诉我们,只有及时察觉萌芽中的危险,事先防患于未然,才能驾驭事物发展进程,这就要求长存戒慎之心,以寻求长远发展和长治久安。

中国特色社会主义建设是一项长期而艰巨的历史任务,必须

进行伟大斗争。当前,在国际国内面临的风险与挑战告诉我们,绝不能掉以轻心,对于各类矛盾与风险,如果防范不及、应对不力,就会传导、叠加、演变、升级,最终危及党和政府的执政地位、危及国家安全。面对国际国内的矛盾风险挑战,必须积极主动、未雨绸缪、见微知著、防微杜渐,下好先手棋,打好主动仗,做好应对任何形式的矛盾风险挑战的准备,确保我国发展的连续性和稳定性。各级党委和政府要增强责任感和自觉性,提高风险监测防控能力,做到守土有责、主动负责、敢于担当,积极主动防范风险、发现风险,消除风险。为此,需要从以下几个方面提高实践能力:学习科学理论,增强大局意识,常怀忧患之心,坚定战略意志,弘扬斗争精神。

◆◆ 案例 4-11

让河南粮食更出彩
——牢守粮食安全底线　推进供给侧结构性改革

"粮食"——这个词对于河南有着非凡的意义!她既是河南千万百姓的营生,又是重要的战略物资,更是河南对党和国家庄严的承诺。从过去的土里刨食到如今的粮食产业大发展,河南人在"粮食"一词上从来不愿、不敢、不能含糊!

2019 年 6 月 21 日,第二届中国粮食交易大会在河南举行。"东风好借力,送我上青云",河南省粮食系统在省委省政府坚强领导下,"牢牢守住粮食安全底线,大力推进粮食供给侧结构性改革",围绕粮食生产、粮食收购、粮食安全、粮食产业等做足文章、下足功夫,让河南好粮食,出彩在全国!

抓粮安:不仅要多产粮,更要产好粮

民以食为天,国以粮为安。扛稳粮食安全的重任,是国家对河南的重托。不仅如此,在多产粮的基础上,产好粮更是新时期、新生活对河南省粮食生产提出的新要求。河南省将认真落实粮食安全省长责任制,严格开展责任制考核;抓好产粮大县奖补政策、稻谷和小麦最低收购价政策、优质小麦价格补贴政策等强农惠农政策落实。河南省粮食连年丰收,粮食总产量占全国的1/10,其中小麦产量占全国的27%。2019年河南省持续抓好粮食产能提升,确保粮食面积稳定在1.5亿亩以上,口粮面积稳定在9000万亩以上,粮食产量稳定在650亿千克左右。

抓收购:收好粮,促增收

2018年夏收,由于收购政策调整和市场价格因素,小麦最低收购价政策未有效启动,如何在收好粮的同时保证农民的利益,成为一道难题。面对复杂形势,河南省委省政府主要领导和分管负责同志深入一线调研指导,省政府召开夏粮收购工作专题会议,成立5个督导组,指导督促粮食收购工作顺利开展。河南省粮食和物资储备局成立7个督导组,局领导带队督导调研摸底,研判粮食收购形势,提出针对性的解决办法。

抓产业:拉长链条,提升价值,完善供应链

按照中央关于"推进农业供给侧结构性改革""抓住粮食这个核心竞争力,延伸粮食产业链、提升价值链、打造供应链"的要求,推进粮食供给侧结构性改革,大力发展粮食产业经济,持续提升粮食质量效益和竞争力。河南省围绕国家粮食收储制度改革,落实"四优四化"发展战略,做好优质小麦和优质花生"专收、专储、专管、专用",提升优质粮食和油料价值,加强产销对接,健全优质优

价的运行机制，充分发挥流通对生产的反馈引导作用，促进种植结构调整，不仅使优质粮食和油料作物的供应更加充足，而且大幅增加了农民收益。

案例来源：李若凡.让河南粮食更出彩［N］.河南日报,2019-06-17(05).

案例简析 》》》

坚持底线思维是领导干部认识把握环境深刻变化和我国发展稳定面临的新情况新问题、有效应对各种风险挑战的必然要求。粮食安全是关乎百姓生计的重要问题，干部更应该在此问题上坚持底线思维，深知粮食安全不仅要多产粮食，而且要保证粮食的质量，同时又要发展粮食产业经济，提升粮食价值，保证农民增收。河南省委通过"抓粮安、抓收购、抓产业"，牢牢抓住粮食安全底线，保障了人民的切身利益。

第四节　坚持以"正确方法"指导发展

新发展理念的提出，是对辩证法的运用；新发展理念的实施，离不开辩证法的指导。社会发展事业越向纵深发展，越要增强辩证思维能力。要坚持系统的观点，依照新发展理念的整体性和关联性进行系统设计，做到相互促进、齐头并进，不能单打独斗、顾此失彼，不能偏执一方、畸轻畸重；要坚持两点论和重点论的统一，善于厘清主要矛盾和次要矛盾、矛盾的主要方面和次要方面，区分轻重缓急，以重点突破带动整体推进，在整体推进中实现重点突破；要遵循对立统一规律、质量互变规律、否定之否定规律，善于把握发展的普遍性和特殊性、渐进性和飞跃性、前进性和曲折性，坚持继承和创新相统一，既求真务实、稳扎稳打，又与时俱进、敢闯敢拼。

一、坚持普遍联系的观点:以"系统思维"谋划发展大局

新发展理念深刻体现辩证法的普遍联系观点,从整体上理解新发展理念,要以"系统思维"谋划发展大局。辩证唯物主义认为,世界是一个普遍联系的有机整体,事物的发展不是孤立的,它们通过一定关系体现了联系性,每一事物都与周围的其他事物存在联系,它们相互联系、相互作用,从而构成整体。对于社会而言,在社会运作体系当中包含着很多复杂的要素,经济、政治、社会、文化、生态等都是在相互联系、相互作用中实现了共同发展。新发展理念建立在社会发展的整体框架之上,不是独立存在的,它强调发展的整体联动。在新发展理念的贯彻实践中,不能脱离个体来讲整体。"有上则有下,有此则有彼。"习近平总书记十分强调发展的整体性与系统性。就新发展理念而言,它是由创新、协调、绿色、开放、共享五个子系统构成的有机整体,每个子系统既各有侧重又内在联系,既相互独立又高度耦合,确保经济发展与人的发展整体联动,有机统一。

创新作为发展的动力系统,是引领发展的第一动力。抓住创新就抓住了整个社会发展的"牛鼻子",它对于其他四个方面的实现具有推动作用,并且创新的过程也包含着另外四个方面的实现过程。这就需要把创新摆在国家发展的核心位置,不断推进制度创新、技术创新、文化创新及其他各方面创新。协调是平衡系统,主要解决发展中的平衡与全面问题。协调发展能够联系好绿色发展和共享发展,并且其中也贯穿着开放发展的思想。绿色发展是模式系统,是对创新发展的延伸,要想实现绿色发展,必然要实现技术创新、理念创新和发展创新,同时,绿色发展是社会发展所有要素实现的基础,也是另外四个发展理念的保障。开放发展是

助力系统，引领国家发展的方向，并且国家以开放发展作为目标，能够更好地实现其他四个发展理念。共享发展是目标系统，坚持发展为了人民，发展依靠人民，发展成果由人民共享，将其他四个发展理念归结于对人民利益的保障当中，是对其他四个发展观念的进一步深化。

◆◆ **案例 4-12**

以"系统思维"谱写新时代"黄河治理协奏曲"

黄河流域是我国重要的生态屏障和重要的经济地带，是打赢脱贫攻坚战的重要区域，在我国经济社会发展和生态安全方面具有十分重要的地位。然而，由于自然灾害频发，汛期洪水频发，黄河沿岸百姓曾深受水灾之苦。为了减少黄河水患的影响，造福沿岸百姓，中华民族进行了长期的治理斗争。党的十八大以来，以习近平同志为核心的党中央始终将解决百姓难题、增加人民福祉作为目标，坚持生态优先的绿色发展理念，不断创新黄河治理思路，协调建设黄河治理体系，积极创建和推进黄河治理工程。目前已基本形成"上拦下排，两岸分滞"的防洪工程体系，以"拦、调、排、放、挖"相结合为原则，建立综合性泥沙处理和利用体系，累计减少流入黄泥沙近 300 亿吨，减少下游河道淤积 112 亿吨，黄河流域经济社会发展和百姓生活发生了很大的变化。

在今后的黄河治理实践中，要继续做到因地制宜、统筹规划、分类施策、综合整治，协同推进加强黄河生态环境保护、保障黄河长治久安、推进水资源节约集约利用、推动黄河流域高质量发展，以及保护、传承、弘扬黄河文化等多个目标工程，让黄河成为增进人民福祉的幸福之河。在中国共产党的领导下，中国人民创造了对黄河治理的奇迹,再一次展示了中国特色社会主义制度的优越性。

案例来源:习近平在河南主持召开黄河流域生态保护和高质量发展座谈会[EB/OL]. (2019-09-19)[2019-12-15]. http://www.gov.cn/xinwen/2019-09/19/content_5431299.htm.

案例简析 >>>

对黄河治理的成功经验表明,在新时代发展实践中,唯有以普遍联系的观点看待和解决发展问题,以"系统思维"将创新、协调、绿色、开放、共享五大发展理念加以创造性联动运用,才能有效推动高质量发展。以创新发展革新黄河治理思路,以绿色发展保护黄河生态环境,以协调发展统筹黄河治理全局,以开放发展打通治理内外局面,以共享发展增进沿岸百姓福祉,充分体现了普遍联系和系统性的发展思路,将新发展理念作为有机整体加以综合运用,是谱写好新时代的"黄河治理协奏曲"的秘诀所在。

二、坚持发展的观点:以"历史思维"剖析发展形势

新发展理念体现了唯物辩证法当中发展的观点。唯物辩证法认为事物的发展是前进的、上升的,是对过去事物的扬弃与创新。新发展理念是党对于社会发展经验教训的深刻总结,并且根据时代要求和国家的发展要求应运而生。新发展理念遵循了人类社会发展规律和社会主义建设规律,以新的思想认知来引领国家新的发展。新发展理念强调了发展的阶段性,它根据社会发展的阶段性任务来提出阶段性发展要求,同时新发展理念也强调了发展理念整体上的发展要求,以整体利益来引导新发展理念的实践。

理解新发展理念的必然性与关键性需从历史角度看我国经

济发展新常态的问题。习近平总书记强调,"明者因时而变,知者随世而治制",深刻表明推动我国社会全面发展,就要适应新常态、把握新常态、引领新常态。我国经济发展的特点是:发展速度从高速转向中高速,发展方式从重视规模转向重视质量,发展动力从要素投入转向创新驱动。新常态下,尽管我国经济面临较大压力,但仍处于发展的重要战略机遇期,经济发展长期向好的基本面没有变,经济韧性好、潜力足、回旋空间大的基本特质没有变,经济持续增长的良好支撑基础和条件没有变,经济结构调整优化的前进态势没有变。历史地把握这些趋势,坚持发展是硬道理的战略思想,变中求新、新中求进、进中突破,推动我国发展迈向新台阶。

◆◆ **案例 4-13**

航天科工:涵养高质量发展新生态

作为军工央企中的排头兵,中国航天科工集团有限公司(简称航天科工)近一年交出了一张践行新发展理念从"有没有"转向"好不好"的成绩单。

2018 年,企业利润总额增长超 10%,新经济收入占比超 40%,位列世界企业 500 强第 346 位;第五次摘得国家科学技术进步特等奖桂冠,获得中国专利金奖;快舟一号甲圆满完成第二次商业航天发射任务,创造了国内固体火箭入轨精度新纪录;制定全球首个面向智能制造服务平台的国际标准,其工业互联网平台——航天云网帮助中小企业用户普遍生产效率提高 25%～60%,成本降低 10%～30%,促进了工业服务、工业设备和工业产品的集成共享。

航天科工党组书记、董事长高红卫表示,如何增强发展动力、把握主动权、为推动高质量发展作出更大贡献,已经成为航天科工的重要战略性任务。

航天科工把握时代发展趋势,聚焦科技创新,积极利用工业互联网赋能制造业转型升级取得重要实践成果,未来一段时间,工业互联网的深度应用,将进一步加快制造业企业的数字化转型,驱动实体经济生产技术更新、商业模式创新和产品供给革新。

案例来源:郭倩. 航天科工:打造高质量发展新引擎[N]. 经济参考报,2019-07-23(A04).

案例简析 〉〉〉

根据历史发展规律,经过改革开放的发展,现阶段在我国社会经济发展正处于从"量的扩张"转向"质的提高"的关键时期,发展的任务也相应改变。转变发展方式、优化经济结构、转换增长动力成为历史地把握发展的关键。航天科工适应新时代发展的环境变化,把握发展主动权,聚焦科技创新,积极实现企业发展转型,交出了一张"高质量发展"的成绩单。这是以历史思维把握发展趋势的典型,也为全国企业实现高质量发展树立了榜样。

三、坚持辩证的观点:以"全面思维"指导发展实践

新发展理念体现了唯物辩证法的三大规律,即对立统一规律、质量互变规律、否定之否定规律。"辩证唯物主义是马克思主义哲学的重要组成部分,是中国共产党人的世界观和方法论。"[1]

首先,新发展理念遵循着对立统一规律。新发展理念强调了事物发展的普遍性与特殊性,在尊重社会发展规律的前提下,提出中国特色发展的特殊性,并且以中国特色发展来诠释社会主义建

---

① 中共中央宣传部. 习近平新时代中国特色社会主义思想学习纲要[M]. 北京:学习出版社,人民出版社,2019:241.

设与发展的理论与实践。矛盾是事物发展的动力，新发展理念是建立在社会发展问题和发展需求的基础上的，我们要正视社会发展当中所存在的矛盾问题，利用科学意识和正确的实践方法去引导矛盾的转换。要践行新发展理念，实现眼前与长远的统一、部分与整体的统一。习近平同志善于用辩证唯物主义分析问题，解决问题：从"两只手"看深化改革；从"两种人"看三农问题；两条腿走路好；大事讲原则，小事讲风格；虚功一定要实做。

其次，新发展理念体现了质量互变的发展规律，要充分累积和实现国家发展的"量"，才能取得国家发展"质"的突破，并且新发展理念本身也作为思想上的"质变"，它能够引导国家发展在新的认识引导下的新的实践。我们要从长远来坚持和发展新发展理念，要注重发展的过程，戒急戒躁，保持发展的耐心和恒心，保持长久的改革与发展信念。

最后，新发展理念体现了否定之否定规律，既强调社会发展的曲折性，又要看到社会发展的前进性，并且在前进的过程中要保持对于探索失败的宽容。新发展理念本身就是思想和认识上的改革与发展，它继承了之前国家建设和国家发展的宝贵经验，又做到了创新。创新就难免会带来发展理念和发展实践上的改变与舍弃，但这也是实现国家新发展的必然之路，要不怕反复与曲折，做到自我革新。

◆◆ 案例 4-14

品古鉴新，从典故中深入理解新发展理念的哲学智慧

2019 年第 10 期《求是》杂志发表了习近平总书记《深入理解发展理念》一文，习近平总书记结合历史和现实，综合新时代面临的一系列重大问题，深刻阐释了新发展理念的科学内涵和精神实质。

在这篇文章中,习近平总书记多次运用各种典故,深刻体现了以辩证思维指导发展的重要性。

"有上则有下,有此则有彼。"①习近平总书记引用这句话来说明事物的普遍联系。针对目前我国在协调发展中面临的短板,他强调要学会运用辩证法,善于"弹钢琴",处理好局部与全局、当前和长远、重点和非重点的关系。

"子钓而不纲,弋不射宿。"②习近平总书记用这一典故展示取之有度的环保意识。贯彻绿色发展理念,把经济活动与人类行为限制在自然资源和生态环境能够承载的限度内,给自然留有休养生息的时间和空间,实现社会发展和生态环境保护协同共进。

"不患寡而患不均,不患贫而患不安。"③习近平总书记引用孔子的名言说明共同富裕在社会发展中的重要性。

案例来源:曾嘉雯. 品古鉴新,从典故中深入理解新发展理念[EB/OL]. (2019-05-16)[2019-11-25]. http://www.qstheory.cn/zhuanqu/2019-05/16/c_1124502200.htm.

案例简析 >>>

"得其法者事半功倍。"深入理解新发展理念,离不开哲学的思考。加强对发展规律的理解才能提高贯彻新发展理念的能力和水平,从而更好地指导发展。新发展理念要真正落实到实践,关键在于对发展规律的认识是否正确深刻,是否能使其落地生根,转化为普遍的实践。习近平总书记用典故生动地展示了新发展理念所蕴含的客观规律。正是以"辩证思维"指导发展实践,才能有效化解各种风险,保证经济平稳较快发展。

---

① 程颢,程颐. 二程集:第四册[M]. 王孝鱼,点校. 北京:中华书局,1981:1171.
② 杨伯峻. 论语译注[M]. 北京:中华书局,2006:83.
③ 杨伯峻. 论语译注[M]. 北京:中华书局,2006:195.

◆◆ **本章小结**

实践是理论之源。浙江是习近平新时代中国特色社会主义思想的重要萌发地,新发展理念有着深厚的浙江渊源、鲜明的浙江印迹。习近平同志制定实施的"八八战略",系统体现新发展理念的本质要求,是新发展理念在浙江的先行实践。创新、协调、绿色、开放、共享五大发展理念,是在深刻总结国内外发展经验教训、分析国内外发展大势的基础上形成的,也是针对我国发展中的突出矛盾和问题提出来的。新发展理念深刻揭示了实现更高质量、更有效率、更加公平、更可持续发展的必由之路,集中反映了我们党对经济社会发展规律认识的深化,为全面建成小康社会、实现"两个一百年"奋斗目标提供了理论指导和行动指南,是新时代中国高质量的发展之道。

◆◆ **思考题**

1. 树立新发展理念,首先要解决什么问题? 以"人民为中心"的发展思想体现了哪些马克思主义观点?

2. 创新、协调、绿色、开放、共享的新发展理念具体解决哪些发展问题?

3. 党员干部特别是领导干部如何提高贯彻新发展理念的能力和水平,成为领导经济社会发展的行家里手?

◆◆ **拓展阅读**

1. 国家行政学院编写组.中国新发展理念[M].北京:人民出版社,2016.

2. 田学斌.当代中国政治经济学:新发展理念的逻辑机理和实现路径[M].北京:新华出版社,2017.

3. 中共中央组织部干部教育局.新发展理念案例选・开放发

展[M].北京:党建读物出版社,2018.

4.中共中央组织部干部教育局.新发展理念案例选·协调发展[M].北京:党建读物出版社,2018.

5.中共中央组织部干部教育局.新发展理念案例选·共享发展[M].北京:党建读物出版社,2018.

6.中共中央组织部干部教育局.新发展理念案例选·创新发展[M].北京:党建读物出版社,2018.

7.中共中央组织部干部教育局.新发展理念案例选·绿色发展[M].北京:党建读物出版社,2018.

8.中共中央组织部干部教育局.新发展理念案例选:领航中国[M].北京:党建读物出版社,2017.

9.人民日报社理论部."五大发展理念"解读[M].北京:人民出版社,2016.

10.舒达,肖娟.五大发展理念"创新、协调、绿色、开放、共享"学习读本[M].北京:国家行政学院出版社,2016.

协调发展、绿色发展既是理念又是举措,务必政策到位、落实到位。要采取有力措施促进区域协调发展、城乡协调发展,加快欠发达地区发展,积极推进城乡发展一体化和城乡基本公共服务均等化。要科学布局生产空间、生活空间、生态空间,扎实推进生态环境保护,让良好生态环境成为人民生活质量的增长点,成为展现我国良好形象的发力点。

——摘自《抓住机遇立足优势积极作为系统谋划"十三五"经济社会发展》①

第五章　新发展理念在浙江的实践与经验

◆◆ 本章要点

1.理解新发展理念在引领浙江各领域发展中的重要作用,把握住新发展理念是引领高质量发展的生命线这一核心认识;深刻认识新发展理念的全球特质,以全球视野、中国特色为引领推动发展格局的优化与深化,促进发展资源的流动与充分利用。

2.深刻认识科学的发展战略在发展中的决定性作用,努力将先天发展优势以科学发展规划转化成可持续发展优势;深刻认识以人为中心是发展的核心与价值立场,既依靠人民推动发展,又将发展成果与人民共享,将满足人民对美好生活的需要作为发展的动力与目标;深刻认识生态文明建设的双重价值,坚持生态建设与经济建设的携手同行,推动经济发展的转型与升级;深刻认

---

① 习近平.抓住机遇立足优势积极作为系统谋划"十三五"经济社会发展[N].人民日报,2015-05-29(1).

识创新就是发展,创新是解决发展问题的钥匙,创新的关键在科技,要始终牢牢抓住科技创新这一牛鼻子,以科技创新促进高质量发展。

第一节 以"八八战略"为总纲,把先发优势不断转换为可持续优势

"八八战略"是一个高瞻远瞩的宏伟擘画,蕴含着超凡的战略智慧。这是一个跨越时空的科学体系,引领浙江不断向高质量发展迈进。思接千载,视通万里。17年前,在总结浙江经济多年发展经验的基础上,时任浙江省委书记的习近平在中共浙江省委第十一届四次全体(扩大)会议上,全面系统地阐释了浙江发展的八个优势,提出了指向未来的八项举措——"八八战略",这个着眼发展大格局、指引浙江改革发展和全面小康建设的宏图大略焕然而生。蓝图既定,持贵有恒。10多年来,"八八战略"始终是引领浙江发展的总纲领,是推进浙江各项工作的总方略。浙江省委省政府一任接着一任干,一张蓝图绘到底,努力做到"干在实处、走在前列、勇立潮头",经济社会发展取得新的历史性成就。

一、以供给侧结构性改革助推市场先发优势,适应与引领经济新常态

在改革的战略地位上,把"进一步发挥浙江的体制机制优势"摆在"八八战略"首要位置。习近平同志总结了浙江改革开放的巨大成就,高度肯定了改革对浙江发展的重大历史意义和现实意义,坚定了矢志不渝推进改革的决心。他把改革纳入了指引浙江发展的总纲领之中,在改革的关键环节上,强调"处理好'两只手'之间

的关系"。"八八战略"第一条就明确"进一步发挥浙江的体制机制优势"。他强调,"浙江这方面的优势,我们一定要继续保持并不断发展","深入实施'八八战略',必须深化改革、促进发展"。2003年5月,他在浙江省经济体制改革工作汇报会上强调,"我们必须适应新形势,应对新挑战,把握新机遇,实现经济体制改革新突破,争创经济加快发展新优势"①。习近平同志这些论断确立了改革在实施"八八战略"中的首要地位,指出了改革在引领浙江发展中的优先作用,反映了改革在习近平同志心中的重要地位,为新时期浙江持续推进改革奠定了基础、明确了方位。

◆◆ **案例 5-1**

一座"世界超市"的新传奇
——政府的"有形之手"与市场的"无形之手"有机结合

义乌,全球贸易中的一颗闪耀明珠。从昔日内陆小县,人贫地瘠,到今天的市场传奇,义乌的发展"莫名其妙""无中生有""点石成金",义乌的改革经验不断涌现、不断升级。2006年,浙江省委省政府决定,在全省范围内学习推广义乌发展经验。近年来,浙江不断推进义乌的各项改革,始终抓牢市场改革这根主线,将发挥政府这只"有形之手"的作用与发挥市场这只"无形之手"的作用有机结合起来,不断创新机制、改进制度设计、扩大体制机制优势,"有形之手"与"无形之手"有机结合,不断书写出社会主义市场经济发展的新传奇。

---

① 杨守卫.从发挥体制机制优势到全面深化改革[N].浙江日报,2018-07-27(00001).

市场改革迈新步

陆港新区的电商小镇,进驻不到一年的近 70 家电商企业,在 10 幢大楼里争分夺秒"破茧",销售额破亿的就有 24 家;义乌国际商贸城,今年一季度客流量超千万人次,周边金融机构资金往来也有较大增长……和天气一样火热的,是义乌这片热土上市场经济的热度。市场,是义乌坚持、发展"八八战略"的一条主线。咬定市场不放松,他们把浙江体制机制优势不断推向新境界,书写了社会主义市场经济的不朽传奇。站在义乌的每个方位,都能感到市场活力在喷涌、在升腾。"建商兴市"30 余年,"市场之手"正永不停歇地把浙中小县塑造成"世界小商品之都"。"莫名实则有其'妙',那就是对市场的敏感与自觉,一切从市场出发。"陆港新区管委会主任季金甫颇为感慨,"有了市场和市场机制,义乌就有了未来。"时光闪回,21 世纪初中国加入 WTO,义乌捕捉国际市场开放带来的契机,投身世界经济大循环;面对 2008 年国际金融危机、世界经济收缩的冲击,他们抓住"贸易便利化"这一市场内生需求,大胆改革国际贸易体制,探索出"市场采购贸易方式",再次逆势飞扬……10 多年来,表面上是越来越大的小商品市场,其背后是对"市场"含义的不断丰富与升华。一切从市场出发,一切由市场激活,一切让市场回答。从最早的"马路市场"起步,到如今品类丰富的小商品市场,不管环境如何变化,市场和市场机制就是义乌的"点金术"。

"收""放"有度环境优

"微信提前预约、材料预受理,签证申请不到 5 分钟全搞定……在义乌,找政府办事真方便。"2018 年 5 月 8 日,在义乌国际贸易服务中心公安出入境外国人业务窗口,韩国商人安德在为当地高效的社会管理服务竖起了大拇指。外商也享受到了"最多跑一次"改革的红利。在义乌,以行政审批制度改革为例,2017年792项需到政府办理的事项中,773项实现了"最多跑一次",其中172项"一次不用跑"。在这个"世界小商品之都",政府的"有形之手"长袖善舞,该出手时就出手,不断清除体制机制藩篱,为中外客商牵线搭桥,激发各类市场主体创业创新活力,不断创造奇迹。

政府除了"放手"释放活力,更"伸手"强化服务

2011年,国务院批复《浙江省义乌市国际贸易综合改革试点总体方案》,给了义乌先行先试的权力。为了让商品"货畅其流",义乌把重心落在贸易便利化上。在全国首创"市场采购贸易方式",正是通过出口货物监管方式创新,有效解决了出口小商品通关手续烦琐的问题。借改革契机,义乌加快国际贸易综合改革试验区建设,为小商品出口打造一个全面开放的综合平台。一个开放发展的制度环境,一张开放共享的贸易网络,"有形之手"的创新而治,让义乌与全球深度融合。

案例来源:袁华明,龚望平.一座"世界超市"的新传奇[N].浙江日报,2018-07-27(00008).

案例简析 >>>

正确处理政府和市场的关系,政府该管的管好、该放的放开,让市场在法治轨道上充分发挥资源配置的决定性作用,使政府真正回到经济调节、市场监管、社会管理、公共服务的本职上来,实现政府这只"有形之手"与市场这只"无形之手"的有机结合。这是义乌这些年来发展经验的重要内容之一。

二、以"最多跑一次"改革为突破口,撬动多领域全方位深层次改革

"最多跑一次"改革是对习近平同志在浙江工作期间倡导的机关效能建设、政府自身改革的再推进再深化,是浙江深入践行习近平总书记关于全面深化改革重要思想的重大实际行动,是新征程上浙江深入实施"八八战略"的重大实践载体,是新时代浙江争当全面深化改革排头兵的重大战略抓手。目前,"最多跑一次"改革已经从理念化为实践、从承诺变为现实,既有效增强了人民群众的获得感、幸福感、安全感,又显现出"牵一发动全身、一子落满盘活"的示范带动效应,得到了习近平总书记的充分肯定,并被写入2019年的政府工作报告,开始在全国推广实施。以"最多跑一次"改革撬动各方面各领域改革,已成为新时代浙江践行习近平总书记关于全面展示中国特色社会主义制度优越性的重要窗口的生动实践。

◆◆ 案例 5-2

"最多跑一次"——一场"刀刃向内"的自我革命

从"四张清单一张网"到"最多跑一次"改革,近年来,浙江不断深化政府行政体制改革,政府部门自加压力做"加法",带来了市场活力的"乘法"效应。"最多跑一次"改革是对"八八战略"中大力推进机关效能建设的再推进再深化,是浙江多年探索的最新成果。

富阳——权力"瘦身"之后

"富阳最早梳理了政府权力清单、职责清单、负面清单和权力运行流程图。"杭州市富阳区编委办副主任陆华正说,梳理、公布并运用好清单,富阳做了很多探索。他说,"清单梳理、公布后,为'最

多跑一次'改革提供了基础,在此基础上,哪些审批可以合并,哪些可以下放就一清二楚了"。2014年3月7日,富阳在当地政务网上率先晒出权力清单,对1534项常用行政权力一一列明行使单位、法律依据等,让人看了一目了然。这是国内第一个详细公开权力清单的县级政府。作为当时全省唯一的县级权力清单制度试点,富阳交出了"三张清单一张图":权力清单、职责清单、负面清单和权力运行流程图。

经过前期的摸底和清理,富阳政府部门原始行政权力从2008年的7800多项削减到公布时的6100余项,削减幅度达21.8%;常用行政权力从2500多项削减到1534项,削减幅度达38.6%。如何运用好梳理出来的清单?随着"最多跑一次"改革的推进,梳理清单这个基础工作的效应日益显现。从梳理并公布清单以来一直在富阳市(区)行政服务中心工作的葛孙梁深有感触地说,从富阳的"三张清单一张图"到省里的"四张清单一张网"再到现在的"最多跑一次"改革,从政府内部的权力梳理到企业群众的获得感,这张不断深化改革的线路图,体现的正是"坚持以人民为中心"的理念。

柯桥——高效审批从哪来

走进绍兴市柯桥区行政服务中心,巨幅电子屏上红色文字不断滚动,实时播报每项审批办理进度,初入者仿佛置身于一个分秒必争的交易大厅。投资项目审批,企业喊慢,柯桥就推出高效审批流程。浙江省下放13项权限,审批时间从340天压到100天内。企业还不解渴,柯桥就试点"不再审批",除19个"负面清单"项目外,一律不再审批,企业投资项目从"先批后建"变为"先建后验"。2016年1月,柯桥启动了从土地征转用审批起至施工许可证办结的高效审批50天全流程的试点工作。

针对企业和群众反映的中介机构水平不高、服务质量差等问题,柯桥区行政审批服务中心还主动而为,率先成立"中介超市",健全机制,规范服务,加强监督,激发了市场活力。柯桥区实现了一般项目审批50天完成、复杂事项100天完成的目标,得到了企业和群众的点赞。而在推进过程中,如何处理好与上位法之间的关系、如何打破信息孤岛实现信息共享、如何保障电子印章的合法性等,都是绕不过的痛点难点。柯桥遇到的这些难点,日后成了"最多跑一次"改革的破冰之处,通过完善相关法律法规、集全省之力打破信息孤岛,催化行政审批改革的"化学反应"。

柯桥推动企业审批改革,让群众和企业有了更多的获得感,也得到了社会各界的认可。2018年,"国家机器人发展论坛暨RoboCup机器人世界杯中国赛"的主办权交到了柯桥手上。赛后,主办方对柯桥印象深刻,"走过那么多城市,习惯了追着政府办事情。到了这里,缺什么政府给补什么,尽可能把障碍解决,实实在在为人民服务"。

龙游——村民办事不出村

浙江省龙游县东华街道张王村,曾是远近闻名的"上访村",但最近3年没发生一起上访事件。这个昔日的基层组织"软弱涣散"村,前不久还获评"浙江省社会治安综合治理先进集体"。

2015年前,张王村环境脏乱差,村民之间矛盾多,干群冲突、邻里纠纷多发常发,是远近闻名的"后进村""上访村"。问题的根源大多出在村务信息公开不规范、信息不对称上,村民反映的问题得不到及时回复,村干部缺少了解村情的有效途径,这些都成为隔在彼此之间一道难以逾越的信任鸿沟。如何在村民与村"两委"之间搭建起一座沟通的桥梁呢？让这个"后进村"发生巨变的村支书袁平华，设计出了一个信息管理平台，将村里大大小小的事情都搬上了手机，让村级事务更加公开透明。他说，村干部要做到"村情通"，就像他给自己村的平台所取的名字一样。龙游县对系统进行优化升级，形成"一号两端"的构架，即微信公众号应用前端与PC、手机钉钉管理后端。通过信息收集发布、网络在线服务、掌上电子办公、线上即时沟通、后台推送流转等功能，实现村级事务信息在前端和后端动态交互式管理。龙游在全县域推广"村情通"，包括党建、平安、管理、服务、信用等五大体系，覆盖全县262个行政村，农村群众关注超过20.23万人（包含实名认证11.62万人），占全县农村人口的72.9%，基本实现了村村通、户户联、人人用。在"龙游通"成熟应用的基础上，2018年5月，龙游县推出面向社区的"社情通"，将服务对象延伸到县城的社区居民，又推出了面向工业园区的"企情通"，为企业提供点对点、面对面的服务，营造良好的营商环境。"村情通""社情通""企情通"三通合一，融合成覆盖全县域的"龙游通"，推进县城社会服务和治理体系建设。

几年来，"龙游通"的功能从党员积分、民情档案、应急互动，扩展到网上议事、指尖办事，将农民、居民、企业关心的信息电子化、掌上化纳入"四个平台"建设，打造了一个政府网上"服务超市"，基本实现了人民群众"最多跑一次，跑也不出村"的政府服务目标。

案例来源：袁华明，李知政，章卉."最多跑一次"：一场刀刃向内的"自我革命"[N].浙江日报，2018-07-27(0007).

案例简析 〉〉〉

按照"最多跑一次"改革要求，各级政府努力推进职能优化和流程再造：进一步提升质量，减少群众上门办事的事项、次数、材料、时间,能整合归并的整合归并、能联动办理的联动办理,让不需要跑腿的事项全部不用跑,变"跑多次"为"跑一次",变"跑一次"为"不跑腿"。"最多跑一次"改革是新时代浙江全面深化改革的重要突破口,以此为支点,可以撬动各方面各领域改革,推动浙江改革再出发。同时,"最多跑一次"改革以创新政府服务方式来打造最佳营商环境,撬动经济体制改革,通过更好发挥政府作用来全面激发市场活力。"最多跑一次"改革的出发点和落脚点是不断满足人民对美好生活的需要,让改革成果更多更公平惠及全省人民。

第二节　以"两山"理念为改革指导,推动绿水青山与金山银山协调发展

浙江是"两山"理念的诞生地。2005 年以来,浙江坚定不移地照着"绿水青山就是金山银山"的路子走下去,一张蓝图绘到底,一年接着一年干,浙江 10 万多平方千米大地上的约 28000 个村庄逐步展现了生态宜居美丽乡村的"全景画卷"。

一、以铁腕重拳淘汰落后产能,以"腾笼换鸟、凤凰涅槃"的决心换绿水青山新面貌

早在 2005 年 4 月 29 日的浙江省委专题学习会上,习近平同志就指出,要在资源节约的前提下寻求新的经济增长点,"在这个过程中,可能意味着一些企业甚至产业的萎缩,进而影响到一个地方经济的增长;也可能意味着这些企业和产业退出市场会给我们的产业集中化腾出发展空间。这就是我们所说的'腾笼换鸟'。在这个过程中,我们面临着两个选择:一个是被动的,任由资源约束下的'鸟去笼空';一个是主动的,努力培育'吃得少、产蛋多、飞得

高'的'俊鸟'。后一个选择的过程,实际上就是培育新的经济增长点的过程"①。具体地说,所谓"腾笼换鸟",就是要拿山浙江人勇闯天下的气概,跳出浙江发展浙江,按照统筹区域发展的要求,积极参与全国的区域合作和交流,为浙江的产业高度化腾出发展空间;并把"走出去"和"引进来"结合起来,引进优质的外资和内资,促进产业结构的调整,弥补产业链的短项,对接国际市场,从而培育和引进"吃得少、产蛋多、飞得高"的"俊鸟"。所谓"凤凰涅槃",就是要拿出壮士断腕的勇气,摆脱对粗放型增长的依赖,大力提高自主创新能力,建设科技强省和品牌大省,以信息化带动工业化,打造先进制造业基地,发展现代服务业,变制造为创造,变贴牌为创牌,实现产业和企业的浴火重生、脱胎换骨。实现"腾笼换鸟、凤凰涅槃"是推动浙江产业高度化发展的客观趋势和必然选择。

◆◆◆ **案例 5-3**

丽水发展样本——绿水青山换来金山银山

丽水,以水为名。习近平同志在浙江工作期间,先后八次来到丽水,并表示"绿水青山就是金山银山,对丽水来说尤为如此""志不求易、事不避难",告诫丽水"守住了这方净土,就守住了'金饭碗'"。凭借好山、好水、好景、好空气,以原汁、原味、原生态为卖点,丽水逐渐探索出一条从美丽乡村到美丽经济的绿色发展之路。在缙云下洋村,因"碧水映村"项目建设,吸引了"近云·丽舍"精品民宿,引发了乡村振兴的蝶变效应,乡村农副产品销售火爆,鼓了附近村民钱袋;在遂昌坑口村,"河权改革"承包到户的模式,将山

---

① 盛世豪,王立军.从"腾笼换鸟、凤凰涅槃"到高质量发展[N].浙江日报,2018-07-19(00006).

塘、水库、河道经营权承包给村里的合作社——坑口畲族风情农场,把水利资源和乡村旅游相结合,不仅增加了农场体验项目,也增加了村集体收入。

先天的资源优势,赋予了丽水"浙江绿谷"的美誉;执着的生态坚守,让丽水的生态报表成绩斐然:生态环境状况指数 EI(Ecological Environment Index)值连续 13 年位列浙江省第一、环境空气质量指数 AQI(Air Quality Index)优良率首次跃居浙江省第一、省控以上断面 II 类以上水质占比列浙江省第一、生态环境群众满意度连续 9 年位列浙江省第一……这诸多"第一"的背后,是丽水人以近乎倔强的态度守护着这一方绿水青山,并让绿色成为其发展最鲜明的底色。而今,以美丽河湖创建为契机,以瓯江河川公园为抓手,拥有良好生态资源禀赋的丽水,将进一步守护好"绿水青山"这个金饭碗,走出一条高标准环境保护、高质量发展的绿色赶超新路,奋力开辟"绿水青山就是金山银山"新的境界。

案例来源:仲瑶卿. 丽水:夯实生态底色践行绿色发展[EB/OL]. (2017-08-31)[2019-10-28]. http://www. wzs. org. cn/zt/zjst/zjyb/201708/t20170831_275429. shtml.

案例简析 〉〉〉

既要金山银山,也要绿水青山,绿水青山就是金山银山,这是发展理念和方式的深刻转变,也是执政理念和方式的深刻变革,引领着中国发展迈向新境界。

走"绿水青山就是金山银山"发展之路,是一场前无古人的创新之路,是对原有发展观、政绩观、价值观和财富观的全新洗礼,是对传统发展方式、生产方式、生活方式的根本变革。

15 多年来,浙江人民沿着"绿水青山就是金山银山"的路子坚定不移地走下去,持续整治环境污染,不断提升生态优势,接续培育生态文化,让绿色成为浙江发展最耀眼、最动人的色彩,一条青山绿水、江山如画的绿色之路,正在浙江大地蔚然铺展。

二、以新动能引领新发展,把重点放在以新产业、新业态、新模式为特征的"三新经济"

对标高质量发展,浙江持续大力发展信息经济、智慧经济,推进大数据、云计算、智能制造等,随着数字技术与各产业的融合,新兴产业蓬勃发展,新动能不断累积增强。2017 年,浙江"三新"经济增加值约 1.25 万亿元,对生产总值增长的贡献率达 37.1%。浙江省创新创业热度持续升温,人才活力明显增强,初步形成以浙大系、阿里系、海归系、浙商系为代表的创新创业人才队伍。从城西科创大走廊的重要支撑"人工智能小镇"、互联网创业高地"梦想小镇",到深度参与智慧城市的"城市数据大脑",杭州数字经济异军突起。近年来,涌现了海康威视、华三通信、聚光科技等行业领军企业,阿里巴巴集团成为全球最大的网上交易平台。据统计,2017 年,浙江全省"三新"经济增加值 1.25 万亿元,对生产总值的增长贡献率达到 37.1%。翻开浙江经济的成绩单,一系列以知识、技术、信息、数据为支撑,以新技术、新产业、新业态、新模式为标志,以数字经济、智造经济、绿色经济、生物经济、分享经济为主要方向的新动能蓄势而发,"多轮驱动"正引领浙江经济行稳致远。

◆◆ **案例 5-4**

杭州:从未来之城到创新中心　成为中国"新经济"代名词

未来之城的模样

在第四届世界互联网大会上,浙江省省长袁家军在"数字经济引领浙江创新发展"为题的主旨演讲中提到,浙江正在着力打造大湾区,核心是杭州湾经济区。未来将对标纽约湾区、旧金山湾区、东京湾区等国际著名湾区。阿里巴巴之于杭州,就像当年的仙童半导体之于硅谷,亚马逊之于西雅图,得益于阿里巴巴的成长,杭州从容地找到了历史文化之城与创新活力之城间最佳的平衡点。

移动支付革命只是阿里巴巴在杭州众多商业实验中的一个成功典型。在杭州人习惯移动支付的过程中,医疗、公积金、违章等公共服务逐一搬到了支付宝上,杭州也因此成为"互联网+政务"渗透率最高的城市,引领了"最多跑一次"改革。阿里巴巴创立至今,杭州几乎是他们所有创新商业化落地的第一站,这其中涉及了电商、云计算、物流、支付、跨境、公益等方方面面。在 2016 年,在云栖大会上,杭州市政府和阿里云宣布了一个大胆的计划:为这座历史悠久的城市安装了一个人工智能中枢——城市数据大脑。在 2017 年的云栖大会上,杭州宣布城市数据大脑 1.0 版本正式上线,并交出了一张漂亮的成绩单。在移动互联网时代的开端,这里是国内第一个 4G 网络商用化的城市;在智能时代的开端,这里诞生了两个国家级人工智能平台,其中一个就是依托阿里云建设的城市大脑——国家新一代人工智能开放创新平台。

以较小的体量和强大的创新能力,撬动连接城市内外的巨量资源,最终推动产业升级和经济发展。在这一模式上,阿里巴巴和杭州市政府已然形成了一种默契,使得杭州不断有机会借助最新的技术和模式来提升城市满意度,完成对城市管理效率的升级,以及产业布局的把控。而这座城市的市民生活也在发生改变:每天通过淘宝天猫买买买,他们很骄傲有"江浙沪包邮",习惯了半天就能到的物流速度;逛家附近的银泰、超市、肯德基先要打开手机扫一扫;随时做公益,从"公益三小时"到各种公益活动……

杭州成中国"新经济"代名词

由于阿里巴巴的存在,杭州显然是中国电子商务之都,但在电子商务生态中 90% 的环节不在杭州,它连接商家、物流、客户,连接中国无数的城镇、企业。作为开放平台,阿里巴巴构建的新实体经济生态圈内包含商家、第三方服务商、物流合作伙伴等,并形成了如鱼水一般的合作关系。来自阿里巴巴的数据显示,阿里巴巴集团及蚂蚁金服集团 2016 年合计纳税 238 亿元,带动平台纳税至少 2000 亿元,创造了超过 3000 万的就业机会。淘宝及天猫平台上的千万商家创造了巨大经济增量,拉动了新增内需,极大地拓宽了税基。2016 年,因为平台产生消费增量而带动的上游生产制造与批发增量、物流增量等所产生的税收贡献初步估计超过了 2000 亿元人民币。杭州已成为中国"新经济"创业的明星和热点。元璟资本的数据显示,在 2016 年全年和 2017 年上半年,杭州的人均创业密度已超过北京,位列全国第一,企业服务、电商等与互联网深度结合的领域,在杭州创业市场中占据关键地位。杭州初创企业的活跃,展现出"知识和信息门户"城市独特的魅力。

下一个世界创新中心

在杭州谈创业,阿里系是绕不开的话题。不仅因为从阿里巴巴出来创业的人多,还因为这些人分布在新零售、跨境贸易、大数据、人工智能、虚拟现实等各个领域,构建起了一个涉及数万人的庞大橙色生态。它们与浙大系组成的杭州创业中坚力量,对标美国西海岸的硅谷"黑帮"和斯坦福大学,正深刻影响着杭州的城市规划和产业格局。《经济学人》杂志曾经这么描述 G20 杭州峰会:"这一次,中国不但要展示其已经获得的成就,还将向外界表明其将如何延续成功并决定全球未来的经济增长。"在最终形成的《G20

杭州峰会公报》里，出现了一个由阿里巴巴牵头提出的新词：eWTP，即世界电子贸易平台。它的核心是通过在线跨境贸易推进公司和政府层面对话，为全球中小企业的在线贸易铺设商业基础设施，争取各国优惠政策。在峰会开幕式上，习近平总书记在介绍杭州时说："在杭州点击鼠标，联通的是整个世界。"借助 G20 峰会，杭州站上了新的历史起点，担负起新的时代使命：加快城市国际化，建设独特韵味、别样精彩的世界名城。

2010 年，美国查普曼大学城市发展与规划系教授乔尔·科特金在他的著作《新地理：数字经济如何重塑美国地貌》中这样写道：以制造与资源为基础的经济向以服务与信息为中心的经济转型，经济主要由一流人才的偏好所决定，他们可以随心所欲地选择居住地点并控制着财富的地理布局。换句话说，在信息时代，哪个区域能充分调动全球高端人才资源，哪个区域就有机会脱颖而出。在 2017 年的云栖大会上，阿里巴巴宣布成立全球研究院，取名"达摩院"，致力于探索科技未知，以人类愿景为驱动力，立足基础科学、颠覆性技术和应用技术的研究。它所承担的更具体的目标是，构建世界第五大经济体，为世界解决 1 亿就业机会，服务跨国界的 20 亿人，为 1000 万家企业创造盈利的平台。

可以想见，未来会有更多人才汇聚到中国，汇聚到杭州。目前，杭州已连续入选"外籍人才眼中最具吸引力的十大城市"；近几年杭州海外人才净流入率居全国第一位。在阿里巴巴和蚂蚁金服强大的磁吸效应下，"要回国，去杭州"已经是硅谷华人圈的流行语。按乔尔·科特金的评判标准，无论对于阿里巴巴还是杭州而言，这都是一个再积极不过的信号。

案例来源：梁应杰. 杭州：从未来之城到创新中心[EB/OL]. (2017-12-07)[2019-11-09]. https://hznews. hangzhou. com. cn/jingji/content/2017-12/07/content_6735198. htm.

案例简析 >>>

　　浙江经济正处在"互联网＋"的风口上,浙江在发展互联网经济上居于全国领跑者的位置,在发展信息产业上处于一个"早跑者"的行列,在推进"互联网＋"上更是举全力在行动。互联网正在快速颠覆传统产业,正在快速催生新兴产业,正在快速重构所有行业。以互联网为主要特征的新经济新业态蓬勃发展,让浙江经济在新的发展阶段,成为浙江经济发展最重要的新兴支撑力量。

第三节　以创新驱动发展战略为改革部署,
　　　　紧紧抓住科技创新这一牛鼻子

　　实施创新驱动发展战略是浙江落实新发展理念的改革总部署,浙江坚持以全球视野、中国道路、浙江特色来谋划和推动科技创新,强调以创新强省为价值引领,清楚地认识到全面深入实施创新驱动发展战略的关键性作用,打造了以创新要素为基本单位、创新平台为基本依托、创新主体为中坚力量、重大创新举措为核心突破的包括理念创新、方法创新、工作创新、机制创新、模式创新、组织体系创新、创新文化培育等全方位多层次宽领域的大创新格局;构筑了以政府为导向、企业为主体、高校和科研院所为依托,产学研紧密结合的开放型区域创新体系。浙江毫不动摇地坚持科技创新在创新强省建设中的基础地位,不断做实、做大、做强科技创新,让科技创造更美好的生活,不断激发浙江的创新活力,让创新的源泉在浙江充分涌流。

一、聚焦产业创新主战场,制定实施加快培育发展新动能行动计划

产业创新是一个多要素共同发挥作用的系统化过程,在这一过程中,浙江以供给侧结构性改革为主线深入推进产业转型升级,聚焦聚力高质量、竞争力、现代化、国际化发展定位,抓住创新发展主动权,激发市场新活力,为产业技术突破提供了充分的发展机遇与强大的力量支撑。

一是制定实施加快培育发展新动能行动计划,建设全国新动能培育先行区,打造全球数字经济创新高地。前瞻性政策是产业创新的基础条件,作为中国改革开放的先发地,浙江是中国新动能、数字经济发展的缩影。近年来,浙江省以首个国家信息经济示范区建设为抓手,以制定实施加快培育发展新动能行动计划为契机,以新技术、新业态、新产品、新模式"四新"为特点,抢抓新动能和数字经济变革的时间窗口,积极打造新动能、培育新产业、创造新价值、推动新发展。

二是实施全面改造提升传统制造业行动计划,全面振兴实体经济,打造先进制造业与现代服务业"双轮驱动"的发展格局。实体经济是一国经济的立身之本,是国家强盛的重要支柱。浙江将经济发展的着力点放在实体经济上,通过创新撬动实体经济的全面振兴和迅速崛起。推动传统制造业高质量发展,就是要牵住产业结构转型升级这个"牛鼻子",加快推进传统产业"机器人+""互联网+""大数据+""标准化+",大力推进企业技术创新,实施传统企业转型为科技型企业的"万企升级"工程;鼓励企业对标国际先进水平、补齐产业发展短板、攻克核心瓶颈技术;深化企业"两化"融合登高计划,支持龙头企业构建产业链"双创"新生态。集中

力量克服传统制造业和块状经济缺陷,打造产业创新服务综合体,实现先进制造业与现代服务业双轮驱动、融合发展。

三是深入推进科创平台整合提升,以平台为引擎,推动科技能力的成长与突破。推进以浙江大学和阿里巴巴集团为主要研究力量的之江实验室建设;支持杭州城西科创大走廊建设、宁波甬江科创大走廊建设及嘉兴沪杭嘉 G60 科创大走廊建设;推进产业链与创新链高度融合的特色小镇建设;推进杭州国家自主创新示范区、高新园区、浙江大学"双一流"建设、高水平西湖大学建设等一大批创新平台建设,打造"产学研用金,才政介美云"十联动的创业创新生态系统的生态系统。

四是建设国际产业合作园,构筑国际化产业新高地,纵深推进国际产能科技合作。开放合作是创新发展的必由之路。近几年,浙江一手抓国际产业合作园建设,深度参与"一带一路"科技合作,探索建立二十国集团(G20)国际技术转移中心,加强国际科技合作基地建设;一手抓海外产业创新综合体创建,鼓励园区、企业、高校等牵头建设海外创新孵化中心,国际合作联合实验室、海外研发中心等载体。内外并举纵深推进国际产能科技合作,催化出海内外联动创新的"蝴蝶效应",为浙江省高质量发展集聚了海内外优质项目和创新资源,为产业转型升级注入了全球高端创新要素。

◆◆ 案例 5-5

产业创新的浙江作为

——萧山新能源汽车及零部件产业创新服务综合体

萧山新能源汽车及零部件产业创新服务综合体,是由万向联合金山云、力太科技等外部创新团队共同打造的区块链底层技术平台,基于区块链的生产过程和产品质量的可信追溯测试床,可以实现产品生产数据和质量历史数据的可信追溯,帮助企业快速具备流程优化、工艺改进、预测性分析等能力。综合体内的企业可利用万向区块链底层技术平台和丰富的工业场景,在电池系统全生命周期可追溯系统、供应链金融及新能源汽车车联网系统等应用领域开展研发工作,以线下实体、线上平台的融合推动服务"一站化"的发展。目前,萧山新能源汽车及零部件产业创新服务综合体构建了"一体为本,一城拓展,多点联动"的线下平台。其中,"一体"是以1.3万平方米的万向集团研究院和占地5000平方米的万向A123系统有限公司电池国际创新中心为载体,搭建工业互联网平台、创新中心平台、院士专家工作站、电动汽车及电池研发测试基地、双创平台和新能源汽车传动工程中心。"一城"是以万向创新聚能城为综合体后续核心,聚焦新能源汽车、动力电池、清洁能源等新兴产业和创新创业新模式,建设产城融合发展新生态。"多点"则是通过联合位于万向学院面向新能源汽车领域的科创平台及多个分布在亚太股份、兆丰机电等区内龙头上市企业的创新型研发机构和平台,带动新能源汽车上下游中小企业和研发机构的产业创新。在线上,则是以开放性的"万向工业云服务平台"和"万向工业互联网平台"为线上载体,推动万向集团的内部资源共享、内生需求公开,构建资源富集、创新活跃、高效协同的产业创业创新集群。目前,线上基础云平台已上线,多家研发龙头企业入驻,包括智能工厂整体方案提供商易往科技,新能源汽车关键技术开发商神驹科技、晨风绿能、三相科技,以及主动安全器件供应商布雷科电气。

截至目前,区域内已引进共建大院名所12家,与55家高校院所建立技术合作关系,与335家企业开展各类产学研活动;成功搭建 4 个产业创新公共服务平台,服务企业 4687 家次,解决技术难题 750 个。2019 年 5 月,萧山新能源汽车及零部件产业创新服务综合体成功入选第二批浙江省产业创新服务综合体创建与培育名单。

案例来源:王俞楠.萧山:产业创新服务综合体入选省级创建名单[N].萧山日报,2019-05-05(02).

案例简析 >>>

产业创新是浙江创新强省建设的主战场。整合创新资源要素,营造高层次产业创新生态,建设产业创新服务综合体,是浙江亮出的关键一招。产业创新服务综合体指的是以产业创新公共服务平台为基础,集聚各类创新资源,为广大中小企业创新发展提供全链条服务的新型载体,创新服务是综合体推动产业创新发展的关键词。产业创新服务综合体能有效整合孤立、分散的创新要素和公共服务资源,能让创新资源更加集中,服务更加全面,充分发挥出创新资源集群效应,实现创新资源的开放共享,同时也能进一步推进产学研用一体化,打造更具活力的产业创新生态系统。浙江产业创新服务综合体建设是探索产业创业的排头兵,能为全国探索产业创新生态提供经验借鉴与实践支持。

二、巩固创新主体优势高站位,实现创新主体引领发展的磅礴之势

创新主体是创新实践活动的承担者,指的是具有创新能力并实际从事创新实践、有一定创新效益的人或各类组织机构,主要包括企业、高校、科研所以及其他研发机构。近年来,在全面深化改革开放的宏观背景下,浙江省以创新强省为目标,大力培育创新主体,由政府主导,高等学校、科研机构和企业积极参与,各类科技创新机构建设已粗具规模。

第一,广聚各方创新人才:人才是建设创新型省份的战略性资源。统筹党政人才、企业经营管理人才、专业技术人才、高技能人才、农村实用人才、社会工作人才等各类人才队伍建设,突出创新型科技人才、企业家和工匠等紧缺人才,紧紧抓住引进人才、培育人才、用好人才关键环节,谋划实施一批最能补齐发展短板、最能激发潜在优势的重大人才举措。让各类人才充分集聚,让智慧才华充分施展,形成聚天下英才共建浙江、发展浙江的生动局面。

第二,聚力发展创新型企业:创新型企业是技术创新的主力军,坚持把创新型企业作为第一载体来抓。近年来,浙江省紧紧围绕提升企业科技创新能力,实施高新技术企业“百企创强”培育专项行动,滚动实施中小微创新型企业三年成长计划,全心全意做好高新技术企业、科技型中小微企业培育支持力度,积极建构以企业为主体、市场为导向、产学研深度融合的技术创新体系。

第三,推进浙江省科创基地建设:全力推进省科研机构创新基地(科技城)建设,打造“中国硅谷”。按照“高起点规划、高标准建设、高水平引进”的要求,将浙江省科创基地建设成为国内外科技资源集聚区、技术创新源头区、高新企业孵化区、低碳经济示范区,使之成为长三角乃至全国创新要素最活跃的研发基地之一,为浙江省建设科技强省和创新型省份提供强大的科技支撑。

◆◆ 案例 5-6

浙江:各类创新主体的栖息地和梦想起航地

2018 年 12 月,浙江省人民政府出台了“科技新政 50 条”,明确了未来五年科技创新的工作目标、路径及政策举措,宣示创新强省建设的决心和信心,这是浙江省科技创新工作的纲领性文件。浙江省科技厅政策法规与科技体制改革处处长鲁文革表示,科技新政总的目标,是使浙江成为各类创新主体的栖息地和价值的实现地。新政具有六大亮点:一是大项目。科技新政围绕产业链布局创新链,从基础研究到核心技术攻关做了整体的部署。明确率先启动数字经济和生命健康两个重大科技专项,给予每个主攻方向每年不低于 2000 万元的支持。二是大平台。通过打造浙江大学、西湖大学、之江实验室、浙江清华长三角研究院等重大平台支撑创新强省。三是大布局。打造"三廊两区一带"(城西科创大走廊、G60 科创走廊、甬江科创走廊,杭州国家自主创新示范区、宁波温州国家自主创新示范区,环杭州湾高新技术产业带)。四是大改革。为了激发创新创业活力,浙江进一步明确以增加知识价值为导向的分配政策,探索赋予职务科技成果所有权或长期使用权,对完成科技成果作出重要贡献的人员可给予 70% 以上的权属奖励,这个比例在全国也是比较高的。五是大主体。浙江省企业创新能力在全国居第三位,企业是浙江省颇具特色的创新主体。所以"科技新政 50 条"中明确提出要打造像海康威视、阿里巴巴这样领军性创新企业,把他们作为航空母舰。此外还要培育一批高新技术企业,以及科技型中小企业。六是大生态。把浙江打造成宜居、宜业、宜游的生态,让海内外人才及各类创新资源能够集聚到浙江来。

案例来源:梁婧娴. 浙江科技新政:带动浙江成为各类创新主体的栖息地[EB/OL]. (2019-04-04)[2019-11-25]. http://health. zjol. com. cn/zhuanttpg/201904/t20190404_9832324. shtml.

案例简析 〉〉〉

创新主体指的是具有创新思维与创新能力并通过创新活动将其转化为创新成果的人或组织,是创新存在的核心要件,缺少创新主体则无创新,"培育好"与"引进来"优质的创新主体是推动创新高质量发展的根脉。创新发展的竞争归根到底是创新主体的竞争。浙江以前瞻性的眼光大力培育与引入高质量的创新主体,推动创新强省的建设,又以创新强省的引领反哺创新主体的发展,这给予了我们一个重要的启示:必须坚持好"两点论"的方法论指导,优化创新发展与创新主体的双向互动,促进两者的和谐共赢,进而激发两者的更大创新潜力。

第四节　坚持以人为本、统筹发展的基本战略,为浙江人民创造美好生活

"治国有常,而利民为本。"浙江始终坚持以人民为中心的发展思想,统筹发展要素,把人民对美好生活的向往作为奋斗目标,以人民的根本利益为出发点与落脚点,切实做到发展为了人民,发展依靠人民,发展的根本目的就是为人民创造美好生活。浙江深刻认识到富裕和安定是人民群众的根本利益,富民与安民是各级党组织和干部的政治责任。毫不动摇地坚持发展是硬道理、稳定是硬任务的方针指引,始终把人民摆在第一位置,把以人民为中心的发展思想贯穿于经济社会发展各个环节,做到"群众想什么、我们就干什么",巩固富民成果、增进人民福祉、确保社会安定,不断增强人民群众幸福感、获得感。高质量发展是浙江重要的代名词。

一、培育"绿色可持续、特色有支撑"特色小镇,彰显"属人"新型城市化新特色

如何全面推进新型城镇化建设,推动浙江发展的转型,多层次宽领域地满足人民美好生活的需要,建设特色小镇是浙江卓有成

效的前瞻性探索。"特色小城镇是世界城市史发展中具有代表性的城市文化现象,其与社会文明发展的结合,体现了具体的历史的统一,全球化与地方性的统一,推动、激活和深化了现代人'主体性'的发展和社会分工的细化,彰显了现代城镇文明的多样性、灵活性和创新性的特点。"①特色小镇不是行政区划单元上的一个镇,也不是产业园区的一个区,而是按照创新、协调、绿色、开放、共享发展理念,聚焦浙江信息经济、环保、健康、旅游、时尚、金融、高端装备七大新兴产业,融合产业、文化、旅游、社区功能的创新创业发展平台。

第一,特色小镇建设关注人民在新型城市化中的幸福感、获得感与归属感,强调"人"是"城"的灵魂,如何留住人、引进人、发展人是特色小镇建设的价值起点,也是价值归旨。一方面,特色小镇在创建模式上凸显属人意识的发展站位。一是企业主体,政府服务,政府负责小镇的定位、规划、基础设施和审批服务,引进民营企业建设特色小镇,实现特色小镇的共建共享。二是政企合作、联动建设,政府做好大规划,联手大企业培育大产业,实现人才涌入、人才发展、人才生根。三是政府建设、市场招商,政府成立国资公司,根据产业定位面向全国招商,做到汇全国智慧,打造更适宜人生产发展的特色小镇。另一方面,浙江特色小镇在深化发展中彰显为人服务的发展意识。首先强调产业定位不能"大而全",力求"特而强";其次强调功能叠加不能"散而弱",力求"聚而合";再次强调建设形态不能"大而广",力求"精而美";最后强调制度供给不能"老而僵",力求"活而新",力图通过精准定位、精准服务推动特色小镇绿色发展,进而满足人民的多层次需求,达到发展人

---

① 张彦.从城市史看特色小镇的发展逻辑[J].观察与思考,2018(8):65.

的价值诉求。

第二,特色小镇始终强调"特色打造、特色支撑、特色发展"。在提出建设特色小镇发展战略之时,浙江即以"特色小镇,特色创建"为理念指导,着眼于实现产业精准定位,进行科学规划,挖掘产业特色、人文底蕴和生态禀赋,以"产、城、人、文"四位一体有机结合为核心特色。在推进特色小镇建设中,浙江探索更是建立了一套特色小镇规划建设的推进机制,以省领导联系特色小镇制度为核心,建立了特色小镇规划建设工作联席会议制度,要求各部门根据每个特色小镇的功能定位、产业特点和发展需求,实行分类指导,提供个性化、专业化的服务,明确各县(市、区)为责任主体,建立实施推进工作机制,确保相关工作规范有序推进。在新发展理念的时代指引下,浙江特色小镇在发展中继续深化人本意识,凸显特色创建,已然成了浙江新型城镇化的一道靓丽的风景线,打造了浙江新型城镇化名片,为全国新型城镇化的推进树立了典型。

◆◆ 案例 5-7

以梦想之光照亮现实之路:杭州余杭梦想小镇

梦想小镇位于杭州余杭区的未来科技城仓前区块,占地约 3 平方千米,核心区由互联网村、天使村、创业集市和创业大街组成,属信息经济产业小镇。于 2014 年 9 月正式启动建设,2015 年列入首批浙江省级特色小镇创建对象,经过两年多的超速建设,2017 年成功通过浙江省级特色小镇验收,成为浙江省政府首批命名的两个特色小镇之一,在全国极具影响力。小镇规划了三分之一的空间建设互联网创业办公区,重点鼓励和支持"泛大学生"群体创办电子商务、软件设计、信息服务、集成电路、大数据、云计算、网络安全、动漫设计等互联网相关领域产品研发、生产、经营和技术（工程）服务的企业。以美国硅谷建设为经验借鉴，梦想小镇建设了天使村，重点培育和发展科技金融与互联网金融，集聚了天使投资基金、股权投资机构、财富管理机构。2018年，1170家科技金融、互联网金融企业，以及天使投资基金、股权投资机构、财富管理机构扎根小镇，管理资本2630亿元，为初创期、成长期、成熟期等不同发展阶段的互联网企业提供专业的金融服务，助力发展。梦想小镇以章太炎故居、"四无粮仓"深厚的历史底蕴和"在出世与入世之间自由徜徉"的自然生态系统为载体，以科技城开放、包容、创新、服务的政务生态系统为支撑，以阿里巴巴总部所在地和金融资源集聚发展的产业生态系统为驱动，通过建设"众创空间"、O2O服务体系，"苗圃＋孵化器＋加速器"孵化链条，打造更富激情的创业生态系统，帮助"有梦想、有激情、有知识、有创意"，但"无资本、无经验、无市场、无支撑"的大学生"无中生有"，使他们创业的"梦想变成财富"。梦想小镇真正成了筑梦、逐梦、成梦的摇篮。

案例来源：沈维. 走进梦想小镇［EB/OL］. (2015-03-24)［2019-11-19］. http://hangzhou.zjol.com.cn/hangzhou/system/2015/03/24/020567213.shtml.

案例简析 >>>

特色小镇是浙江省政府在全国率先提出的重大发展战略，是破解浙江省发展瓶颈和实现转型升级的重要途径，已成为拉动浙江固定资产投资的新动力、产业转型升级的新引擎、经济社会发展的新名片。梦想小镇依托未来科技城良好的人才和产业优势，致力于成为众创空间的新样板、信息经济的新增长点、特色小镇的新范式、田园城市的升级版和世界级的互联网创业高地。梦想小镇的建设以人民的美好生活需要为基础,是浙江因地制宜、因时而进、因势而动地探索新型城镇化的有效尝试,集生产、生活、生态、工作、休闲等于一体,开辟了新型城镇化一个充满活力和美好未来的成功典型,能够引领浙江特色小镇的未来发展,为浙江与全国各地提供典型示范模式。

二、实施"千村示范、万村整治"工程,打造"宜居、宜业、宜游"的美丽乡村

"千村示范、万村整治"工程,简称"千万工程",是浙江在"绿水青山就是金山银山"理念指导下展开的集生态效应、生产效应、生态效应于一体的重大实践,"千万工程"造就万千美丽乡村,书写着一个个浙江美丽乡村的故事。

第一,生态良好是"千万工程"的价值要旨。"千万工程"作为一项"生态工程",以乡村生态修复、生态保护为抓手,全面从严治理乡村"脏、乱、差、散"等问题,从一处美向全域美、一时美向持久美、外在美向内在美、环境美向生活美转型,走出了一条示范引领、整体推进、深化提升、转型升级的农村人居环境整治、美丽乡村建设的新路径,还原并发展了乡村美丽生态。

第二,生活富裕是"千万工程"的价值旨归。"千万工程"作为一项"民生工程",心系人民所想,从垃圾收集、村内道路硬化、卫生改厕、河沟清淤、村庄绿化,向面源污染治理、农房改造、农村公共设施建设拓展等多方面多领域出发,为人民打造美好生活。

第三,生产发展是"千万工程"的价值关切。"千万工程"作为一项发展事业,大力发展乡村生态经济,打造乡村经济生态圈。农家乐、农村电商服务点、农产品网络零售等极大地激活了乡村活力,农民收入持续增长,美丽经济在乡村大放光彩。

浙江紧紧依托乡村振兴总战略,坚持"八八战略"的总布局,在新起点上全力打造"千万工程"升级版,坚定不移建设美丽浙江,加快把浙江全省建成大花园。一是突出城乡融合,坚持规划引领、区域协调、陆海联动,形成"全域秀美"的格局。二是加快绿色发展,推动新旧动能转换,进一步打通"绿水青山就是金山银山"转化通道,强化"生态富美"的支撑。三是下足绣花功夫,高起点规划、高品质建设、"高压线"管控,追求"景致精美"的卓越。四是注重内外兼修,深入推进社会主义核心价值观和生态文化建设,提升"心灵之美"的内涵。五要勇立时代潮头,加强省内、省际和国际合作,敞开"合作共美"的胸怀。六要全力跨越关口,高标准打好污染防治攻坚战,实施好乡村振兴战略,扫除"康庄健美"的障碍。

◆◆ 案例 5-8

问鼎联合国"地球卫士奖"的浙江"千万工程"

北京时间 2018 年 9 月 27 日上午,美国纽约,联合国环境规划署"地球卫士奖"颁奖典礼现场。当浙江省"千村示范、万村整治"工程(以下简称"千万工程")受奖团走上台时,观众席上爆发出长时间的热烈掌声。这可能是"地球卫士奖"历史上受奖人最多的一次,它属于 5657 万(2017 年末统计数据)浙江人民和各级领导干部。这一天,世界舞台上铭记下"千万工程"的中国故事。

回答了一个问题——乡村应该是什么样

领奖台上,裘丽琴骄傲地向世界介绍自己的家乡安吉县鲁家村,她的自信源于鲁家村的蜕变。这曾是浙江一个不起眼的小山村,树不够茂,水不够清,人们都说:"鲁家村没有景。"从不起眼到不平凡,鲁家村蜕变的轨道是浙江许多农村共同的路径。2003 年,

"千万工程"拉开序幕,鲁家村的转折始于彼时。这些年来,鲁家村通过河道整治、污水处理、垃圾分类、村庄绿化等全面整治村庄环境,修建起10千米长的绿道和4.5千米长的环村观光铁轨。如今,鲁家湖湖面开阔,文化礼堂白墙黑瓦,18家农场将整个村庄串联成了一个大景区。

浙北山区的鲁家村在变,金衢盆地的建光村也在变。建光村曾是浦江水晶加工的主要发源地之一,全村500多户人口,最多时有小作坊300多家,无序的发展和缺失的环保,导致了生态环境的恶化。2013年,浦江打响全省水环境综合整治的第一枪,推进河道清理和清洁农村行动。如今,洗去污垢的建光村露出清丽本色,被评为浙江省美丽乡村特色精品村、浙江省美丽宜居示范村和国家3A级旅游景区,去年共接待国内外游客16万余人次,是人们交口称赞的"小杭州"。天蓝、水清、地净、村美,绘就成浙江省3万多个村庄的底色。

探索了一个路径——"美丽经济"的转化

沿着浙江"最美公路"之一的淳杨线一路向西,下姜村地处距离淳安县城50多千米的山区。20世纪七八十年代,下姜村穷困的村民开始"伐薪烧炭",山林资源迅速减少。2001年前,村里有150多个露天厕所,家家户户散养生猪,臭气弥漫、污水横流,蚊蝇满天飞。现在的下姜村已是另一番模样。夏秋季品葡萄、冬季初春尝草莓,一排排透明大棚,在绿荫花海映衬下,折射着太阳的光辉。从"卖山林"到"卖生态",变"种种砍砍"为"走走看看",村里成立了下姜景区管理有限公司,聘请专业团队市场化运营,美丽经济风生水起。至2018年8月底,下姜村年已接待游客20余万人次,超过2017年全年总量。从依山的下姜村到傍海的宁海县,"美丽环境"

到"美丽经济"的转化,见证着"绿水青山就是金山银山"的理念在浙江10万多平方千米土地上的生动实践。

"一个美丽的地方,一定是经济和生态高度融合、完美互促的。"秀山丽水,从何而来? 宁海人"打扫屋子",先后投入近170亿元进行环境整治,提出"十有十无"美丽乡村标准。"开门迎客",发展特色民俗,在浙江省率先实施民宿备案制、注册首个区域性品牌"宁宿"。一年内实现民宿总量、营业额、农产品销售额"三个翻番",村平均集体收入增长了25%,乡村旅游收入增长了30%。在2018年8月发布的"两山"发展百强县名单中,宁海排名全国第二。"千万工程"既保护了"绿水青山",又带来了"金山银山"。之江大地上,美丽风景与美好生活正诗意相连。

代表了一个方向——美好生活的共同想象

浙江的乡村如今是怎样的面貌? 有国际友人说,他们已读懂浙江乡村的美好。"桂溪枕月,千年西坑",新昌县镜岭镇镇长吕江爱用诗句跟外国友人介绍家乡。镜岭镇是浙江古镇中的典型,有着秀美的田园风光和丰厚的文化底蕴。古镇内有许多保存完好的古村落,西坑村是浙江省最早、面积最大、保存最好的古民居之一。在浙江,乡村的美好生活有对"新"的吸纳,更有对"旧"的珍藏。作为浙江省级重点历史文化村落,西坑村把毁坏文物的处罚措施写进了村规民约,村文化礼堂里每隔一段时间就会举办丰富的文娱活动。"历史文化与现代生活在这里融合,带动乡村的发展,也改变着村民的精神面貌。"吕江说,村民们自发捐款筹措资金保护文物建筑,保护古村已成一种共识。乡村的变化最终改变的是人。从勤劳、自信、进取的浙江农民身上,我们得以窥见浙江的乡村,人居环境、基础设施、公共服务建设等方方面面的改变。"富饶秀美、和谐安康、人文昌盛、宜业宜居",这是美丽浙江建设的目标,也是世界对于田园生活的共同向往。

亲手将"地球卫士奖"颁发给浙江的联合国环境署相关人员表示:"中国浙江的农村故事是发展中国家发展和环境保护的示范。如何把联合国的可持续发展理念变成全世界农民的行动和幸福,中国在行动,联合国在行动。"

8年前,以"城市,让生活更美好"为主题的上海世博会,让中国城市面向世界。人们看到一个经济腾飞的大国,现代、创新、包容。8年后,浙江"千万工程",又让中国的农村走向世界,人们触摸到广袤农村又一波生机盎然的脉动。

万村千乡气象新。我们相信,乡村更好的未来,值得期待。

案例来源:江帆.登上联合国领奖台的背后[N].浙江日报,2018-09-28(0006).

案例简析 >>>

浙江"千万工程"是"绿水青山就是金山银山"理念在基层农村的成功实践。2003年以来,浙江省久久为功、坚持一张蓝图绘到底,扎实推进"千万工程"建设,不仅让浙江乡村面貌、经济活力、农民生活水平走在全国前列,而且为我国建设美丽中国、实施乡村振兴战略等提供了实践经验借鉴、实践路径探索。"千万工程"以生态建设为基础,这一成功的生态恢复项目表明,环境保护与经济发展是同向同行的,能对经济发展产生变革性力量,保护生态就是保护经济,修复生态就是修复经济,发展生态就是发展经济。生态、生产、生活彼此依存,我中有你,你中有我,一荣俱荣,一损俱损,必须坚定不移地走"绿水青山就是金山银山"的道路,追求生活富裕、生产富足、生态良好的美好生活。

第五节　坚持全省联动推进开放，构筑"跳出浙江发展浙江"的国际大格局

"跳出浙江发展浙江"，是 21 世纪初浙江为了在高起点上实现更大发展的战略选择，其基本意蕴是，跳出浙江寻求外部资源和发展机遇，弥补浙江在要素供给和环境承载力上的"短板"，为浙江调整经济结构、转变增长方式、提升产业层次创造更多的机会和空间。当前，"跳出浙江发展浙江"进入了崭新阶段，浙商的经济血脉扎根中国、流遍世界，在坚持浙江省全省联动推进开放的进程中，浙江将以更大决心、更大勇气继续构筑更具质量的"跳出浙江发展浙江"的国际大格局，推动浙江在开放中再发展，在发展中更开放。

一、全力构建"一带一路"建设，积极参与长江经济带、长三角区域一体化建设

2013 年，习近平主席站在同呼吸共命运的人类命运共同体高度提出了"一带一路"倡议。浙江以其独特的地理、历史文化、经济、科技等优势积极响应国家"一带一路"倡议，强调以开放强省为引领，增创国际竞争新优势。

第一，浙江毫不动摇地坚持全面提高开放水平的发展定位。以"一带一路"统领浙江新一轮对外开放，全力打造"一带一路"战略枢纽，加快培育参与国际竞争与合作的新优势。围绕政策沟通、设施联通、贸易畅通、资金融通、民心相通，统筹整合相关国家战略举措和重大平台载体，联动推进海港、陆港、空港、信息港建设，高水平构筑义甬舟开放大通道，推动自贸试验区、江海联运服务中心、跨境电商综试区等开放大平台建设取得突破性进展，全力创建

宁波"一带一路"建设综合试验区,加快推进全球电子商务平台建设,继续办好世界互联网大会、中国—中东欧国家投资贸易博览会、中国国际茶叶博览会,提升义新欧、甬新欧通道运输能力和作用,加快建设国际港航物流枢纽、贸易枢纽、产能合作枢纽、新金融服务枢纽和人文科教交流枢纽。

第二,浙江毫不动摇地坚持全球视野、中国特色、浙江创造三位一体的发展要求。强调以国际化为导向,以"一带一路"统领新一轮对外开放,谋划实施一批最体现浙江资源禀赋、最契合国家战略使命的重大开放举措,加快城市国际化、企业国际化、人才国际化,努力成为参与"一带一路"建设的排头兵,不断增强统筹利用国际国内两个市场、两种资源的能力。

第三,浙江坚持在"一带一路"建设统领下进行更大范围更高层次的布局,积极参与长江经济带建设和长三角地区合作发展,确立以长三角地区一体化促进区域协调发展的理念,强调"推动长江三角洲地区联动发展,长江三角洲地区一体化发展是一个必然的趋势",提出要"主动接轨上海、积极参与长江三角洲地区合作与交流"。浙江在推动长江经济带生态优先、绿色发展和"共抓大保护、不搞大开发"方面取得了突出成效,加速互联互通,推进长三角一体化,高质量促进长江经济带协同发展是浙江积极创建开放强省的重要内容。

◆◆◆ **案例 5-9**

"浙"里亮了　看浙江如何走"一带一路"

从理念到蓝图,从方案到实践,从现实到未来……浙江用民营经济的特殊性,创新开放发展机制,携手抱团共走"一带一路";浙江用开放发展的迫切性,积极应对外贸寒冬,勇拓市场立潮头;浙江更以向东直面"海上丝路",向西通达"陆上丝路"的区位优势,建起一个个引进来、走出去的新平台。

行进"一带一路",浙江和世界经济早已密不可分。正如习近平主席所说:"人类已经成为你中有我、我中有你的命运共同体,利益高度融合,彼此相互依存。"

新市场——供给需求再平衡

"'一带一路'倡议的提出让浙江企业意识到,在生产力空前发展的当下,资源和能力都不是问题,正是现有国际合作的碎片化,导致资源难以有效整合。去新市场发现新需求、配置新资源、对接新合作才有出路。"正如浙江省商务厅外经处处长张曙明所说,近年来,不等不靠的浙江民营企业嗅到了"一带一路"市场的商机。

2015、2016 年,在贡献浙江"一带一路"八成贸易额的"领头羊"民营企业的带动下,浙江对全国"一带一路"进出口的增长贡献率连续两年居全国首位。"一带一路"倡议提出三年来,浙江对"一带一路"国家贸易在全国所占份额也从 2014 年的 9.6% 上升至 2016 年的 11.1%。从供给侧挖掘经济增长潜力,"一带一路"国家(地区)因自身基础设施滞后等发展问题,在交通、通信等领域有着内在发展需求,为浙江省对外工程承包、装备制造产品出口及相关领域投资带来了大量的机会。2016 年,浙江省在"一带一路"国家(地区)对外直接投资备案额 74.7 亿美元,同比增长约 70.0%,"一带一路"已成为浙江省对外投资的主要区域。对外投资既有利于国际产能合作,又能取得不菲收益,更能带动国内相关装备出口,从而实现供给和需求的再平衡。与此同时,相对于不少"一带一路"国家(地区),浙江的社会文化具有优势,除了货物贸易外,在"一带一路"国家(地区),浙江的服务外包、文化、教育等服务贸易产品也迎来新市场。

新机遇——携手抱团走出去

开拓"一带一路"新市场,就难免会面临新问题、遇到新困难,在对接"一带一路"的过程中,创新发展机制至关重要。

"相较大型央企和国企,浙江省'走出去'以中小企业、民营企业为主,显然,'抱团出海'是最优选择。"张曙明介绍,近年来,浙江省将"联盟拓市"作为企业主动参与"一带一路"建设的创新机制,为的就是统筹运用海外市场的政府、业主、项目和人脉等综合资源,以集团式拓展的开发合作模式,实现行业上下游整合集成,共同开拓国际市场。抱团发展、善用市场,通过创新浙江特色的合作机制和发展模式,浙江人改变了"一带一路"建设以国有企业为主的一般印象,在民营企业本不占优势的市场和领域,开创了一片新天地。

新平台——整合资源促发展

发展,需要平台的支撑,尤其需要有效的、包容的新平台。

在境外,浙江省发挥中小企业众多、产业链完备等优势,积极在"一带一路"国家(地区)打造境外经贸合作区,抱团发展。目前,浙江省在"一带一路"国家(地区)共有5家境外经贸合作区,其中,4家为国家级境外经贸合作区,国家级园区数居全国首位。在浙江省内,浙江创新设立的国际产业合作园成为新常态下承接优质国际项目的绝佳平台。而其中,中捷(宁波)产业合作园、新加坡杭州科技园等"一带一路"国家产业合作园次第兴起,各国的优质项目、前沿技术和高端人才在浙江落地生根。

落地浙江的"一带一路"系列展会成为全面展示各国的新平台。同时,浙江也积极走出去,在相关国家开展自办展。此外,浙江正全力打造义甬舟开放大通道,作为浙江联通"海上丝路"和"陆上丝路"的大平台,义甬舟大通道贡献了浙江省对"一带一路"国家贸易额的四成以上;中欧班列(义乌)沿着"陆上丝路"行进,已成为我国到达境外城市、运送货物品类最多的中欧班列;而浙江的"金名片"跨境电商也在"一带一路"上大放异彩,不仅产品往来更加丰富快捷,还在俄罗斯、哈萨克斯坦等"一带一路"重点国家覆盖省级公共海外仓,推动"浙江制造"建立境外自主零售体系,全面提升国际市场定价话语权。

案例来源:陈佳莹. 这场"盛会""浙"里亮了　看浙江如何走"一带一路"[EB/OL]. (2017-05-15)[2019-12-08]. https://zj.zjol.com.cn/news/640043.html? from＝timeline &isappinstalled＝0.

案例简析 >>>

千年以前,浙江就是古丝绸之路上重要的商品生产地和集散地,也是古代海上丝绸之路的重要起航地之一。"一带一路"倡议的提出,中国向世界发出共建"丝绸之路经济带"和"21世纪海上丝绸之路"的热情邀请。浙江认识到,全面积极参与"一带一路"建设,将为浙江开放发展带来重大机遇,开辟新的发展空间。凭借干在实处、走在前列、勇立潮头的浙江精神,从理念到蓝图,从现实到未来,以"政策沟通、设施联通、贸易畅通、民心相通"为主要内容,坚持以新理念引领发展新实践,浙江成为"一带一路"上拓路的先行者、创新的实践者、开放的合作者、成果的收获者,既向世界展示了中国风采,又彰显了中国共建共享的世界胸怀。

二、坚持走出去与引进来相结合,主动布局海外以实现合作对接和高端资源引进

坚持走出去与引进来相结合是我国改革开放的方法论指导,浙江作为改革开放的重镇,毫不动摇地坚持以走出去和引进来相结合的方法论为发展指引。

　　一方面,浙江以包括资本、技术、人才等在内的多种方式走出去,不断走实走深走宽,收获"走出去"红利。第一,浙江大力支持企业开展国际化经营,以政策为企业开展国际化经营保驾护航,以高端国际化经营培训为依托,推动企业不断走向更大的舞台,注重通过直接投资或跨国并购等形式,掌握先进技术,提升市场竞争水平,加快做大做强。第二,浙江积极鼓励企业到境外收购专利技术、设立研发机构、建设营销网络和生产物流基地。2017年上半年,浙江上市公司完成176起并购,并购数量和并购金额全国领先。第三,浙江重视培育本土跨国公司。2017年,《加快培育浙江本土民营跨国公司三年行动计划(2017—2019年)》的出台,鼓舞了越来越多的浙江民营公司积极挺进国际舞台,向全世界讲述浙江好公司的全球化故事。第四,浙江强调实施品质浙货行销天下工程和"一带一路"贸易畅通工作计划,打造布局全球、内外联动的外贸跨境服务体系。第五,浙江着眼于加快外贸发展方式转变,重视培育以技术、标准、品牌、质量、服务为核心的外贸竞争新优势。

　　另一方面,浙江也不断加紧引进来的步伐,强调以高端资源、优质资本、卓越人才等的引进为核心抓手。第一,高度重视全面提高利用外资新水平,进一步推进深化外商投资管理体制改革,进一步优化利用外资结构,提高外资质量,提升利用外资质量和效益;进一步推进利用外资方式创新,提升绿地投资集约化水平,鼓励在浙外资企业以增资方式扩大投资,合理引导跨国并购和股权投资。第二,高度重视加强与国际经济组织的合作对接,引进高端资源,支持浙江开放型经济新发展。第三,高度重视充分发挥海外侨胞分布广、数量多、有影响的优势,大力推动企业、技术、项目、文化的交流与合作。同时,浙江以"最多跑一次改革"撬动全领域的改革,为走出去与引进来提供更高质量的服务。浙江注重发展的高质量与高质量发展,强调跳出浙江与发展浙江相协调,努力构筑浙江发展、竞争新优势。

◆ 案例 5-10

连续 10 年货物吞吐量全球第一,浙江海港开启新征程

向海而生,依港而兴。中华人民共和国成立后,尤其是改革开放以来,浙江沿海港口一次次在体制机制变革中奋勇当先,持续迸发生机活力。从浙江省港口各自为战,到组建浙江省海港集团、宁波舟山港集团,近年来,先后完成了宁波舟山港一体化、浙江沿海"五港合一"建设,就此打开"一体两翼多联"的新格局,绘就整合优化浙江省海港资源的创新蓝本。

连续 10 年货物吞吐量全球第一、全球首破 10 亿吨的宁波舟山港,已拥有各类航线共 247 条,其中干线 120 多条,牵系起 190 多个国家和地区的 600 多个港口,汇聚浩荡物流,践行着"港通天下,服务世界"的使命。如今,沿着"一带一路"建设、长江经济带、长三角一体化发展的航向,浙江海港又迈上了"加快把宁波舟山港建设成为国际一流强港,打造世界级港口集群"的新征程。

变革,五港合一造大港

以变革促"一体化",一直是浙江海港的强项。从 2006 年的"宁波—舟山港"到 2015 年的"宁波舟山港",虽然只是短短一杠的消失,但却是浙江省内港口一体化改革的象征,折射了浙江海港最有故事的 10 年。

2015 年 8 月,浙江省海港集团组建成立,成为国内第一家集约化运营管理浙江省港口资产的省属国有企业。"五港合一"的海港

集团股权结构最终确认浙江省国资委占 27.59%，宁波市国资委占 60.84%，舟山、嘉兴、台州、温州、义乌市国资委分别占 3.49%、1.50%、0.55%、3.66%、2.37% 的结构。为确保稳步推进一体化，由股权占比第二的浙江省国资委行使表决权，在国有资产管理与国企运营管控上开了先河。

从资产整合到管理融合，2016 年 11 月，浙江省海港集团与宁波舟山港集团按"两块牌子、一套机构"运作，成为浙江省海洋港口资源开发建设投融资的主平台。截至 2018 年，集团总资产超 1200 亿元，净资产达 741 亿元。继往开来，步入"后一体化"时代的浙江海港将再迎挑战。

开放，从大港转型强港

巨轮穿梭、装卸声轰鸣的场景，在宁波舟山港的所有码头日夜不停地上演着。这一盛唐丝绸之路重要的起点港、宋元明时期重要的对外港，在改革开放中实现了从区域性货港（宁波）和渔港（舟山）到世界级开放大港的华丽蜕变。

为抢占集装箱运输制高点，近年来港口积极打造海铁联运国际物流大通道，主动对接"一带一路"中西部重要节点，多式联运实现互联互通。同时，强化"一带一路"沿线的物流和资源聚集优势，借助长江业务重要支点及丰富的航线资源优势，积极探索海铁联运、江海联运协同发展。

秉承独特的开放基因，宁波舟山港携地理区位优势和一体化红利，又开启从"开放大港"到"开放强港"转型的征程。港航物流设施的开放和联通，是打造开放强港的基础支撑。2019 年 2 月，全球第一大班轮公司马士基与梅山签订投资意向书，涉及 200 亩左右的二期物流项目用地，打造规模化、集约化、自动化的国际供应链服务平台,提供全渠道的物流供应链生态系统。

大宗商品贸易的开放合作是出于促进全球贸易自由化便利化、建设开放型世界经济的需要,为此,宁波舟山港全力打造全球一流的大宗商品储运交易加工基地。建国际油品储运加工基地,依托舟山绿色石化基地和油品储运基地,加强与国际油商合作,撬动浙江自由贸易区油品储运交易迈向国际化;建铁矿石亚太分销中心,依托以鼠浪湖为核心的铁矿石码头布局,深化与国外铁矿石巨头的混配矿合作,做大矿石分销。矿石中转和原油中转成为港口大宗散货新增长极。

领航,拓展港口朋友圈

港兴通天下,"海丝"续新篇。2013 年"一带一路"倡议的提出为港口行业带来了新的发展契机,面朝繁忙的太平洋主航道、背靠中国最具活力的长三角经济圈,宁波舟山港顺势而动,积极打造"一带一路"最佳结合点。

2019 年 7 月 11 日,第五届海丝港口国际合作论坛在宁波举行,东方大港再次吹响了"港口朋友圈"集结号。海丝论坛作为对接"一带一路"峰会的港航合作大平台,承载了浙江海港深入拓展"一带一路"合作的缩影,也催生出"海上丝路贸易指数"、"宁波港口指数"、"一带一路"迪拜站建设项目、《海丝港口合作宁波倡议》等"一带一路"成果清单中亮丽的浙江元素。

至今,宁波舟山港已与"一带一路"沿线近 20 多个港口缔结友好港,拥有的"一带一路"航线已经从 2013 年的 73 条增至如今的 90 余条,全年航班从 3654 班升至近 5000 班,沿线国家(地区)港口已实现全覆盖;"一带一路"集装箱吞吐量也由 2013 年的 753 万标准箱增至 2018 年的 1000 万标准箱,占港口集装箱总量的四成多。

挑战永无止境。面对外部形势复杂、港口行业整体供大于求等现状,浙江积极参与"一带一路"、长江经济带和长三角一体化建设,内联外扩、优化布局,以港口运营、开发建设、金融、航运服务"四大板块"发展为抓手,推进港口运营集团"四个全球一流"建设,打造国际一流强港和世界级港口集群,加快将集团建设成为以港口为核心的全球领先的综合物流服务商,助推浙江海洋强省建设,促进区域经济发展。

案例来源:王凯艺,张帆.驶向"一带一路"新蓝海[N].浙江日报,2019-07-12(00007).

案例简析 >>>

大变革释放大红利。浙江海港是在走出去与引进来方法论指导下的重大实践,深刻地印证着走出去与引进来方法论的正确性。连续10年货物吞吐量蝉联全球第一、全球首破10亿吨的宁波舟山港强有力地展现着走出去与引进来的生命力,书写着蓬勃发展的美好画卷。浙江海港的成功只是中国走出去与引进来的一个缩影,这启示我们,在全面深入推进改革开放,坚定改革开放基本国策不动摇的过程中,以科学的方法论指导是获得成功的重要法宝,要因地制宜、灵活地使用走出去与引进来的方法,积极与国家发展战略相对接,具有敢于变革自我的大勇气、大决心,立足自我,着眼世界,获取更多、更大、更优质的改革开放红利。

◆◆ 本章小结

新发展理念是推动我国高质量发展的战略引领,浙江始终坚持与贯彻落实新发展理念,一张蓝图绘到底,一心一意谋发展,以新发展理念作为推动转变社会发展的根本动力。浙江深刻地认识到自我发展的特殊性,积极将新发展理念"浙江化",开辟出以新发展理念为内生源的浙江道路,为推进中国特色社会主义建设、全面实现城镇化建设、推动完成社会主义现代化建设贡献了浙江智慧。

◆◆ **思考题**

1.在建设"新经济"的过程中,浙江积累了哪些基本经验?

2.杭州余杭梦想小镇是如何把"梦想变成财富"的? 高质量特色小镇的核心特征有哪些?

3.深入参与"一带一路",构筑"跳出浙江发展浙江"的开放格局有哪些重要意义?

◆◆ **延伸阅读**

1.郁建兴,等."最多跑一次"改革:浙江经验　中国方案[M].北京:中国人民大学出版社,2019.

2.读懂"八八战略"编写组.读懂"八八战略"[M].杭州:浙江人民出版社,2018.

3.查志强.浙江蓝皮书:2018年浙江发展报告:信息经济卷[M].杭州:浙江人民出版社,2018.

4.黄宇,傅歆.浙江蓝皮书:2018年浙江发展报告:政治卷[M].杭州:浙江人民出版社,2018.

4.闻海燕.浙江蓝皮书:2018年浙江发展报告:经济卷[M].杭州:浙江人民出版社,2018.

5.吴蓓.浙江蓝皮书:2018年浙江发展报告:文化卷[M].杭州:浙江人民出版社,2018.

6.杨建华.浙江蓝皮书:2018年浙江发展报告:社会卷[M].杭州:浙江人民出版社,2018.

7.钟其.浙江蓝皮书:2018年浙江发展报告:生态卷[M].杭州:浙江人民出版社,2018.

8.应焕红.浙江蓝皮书:2018年浙江发展报告:市场卷[M].杭州:浙江人民出版社,2018.

9.郭占恒.改革与转型:探索浙江发展的方位和未来[M].北京:红旗出版社,2017.

10.胡鞍钢,鄢一龙,唐啸,等.中国新发展理念[M].杭州:浙江人民出版社,2017.

11.段治文.浙江精神与浙江发展[M].杭州:浙江大学出版社,2017.

12.《浙江发展》编写组.浙江发展[M].杭州:浙江人民出版社,2016.

后　记

　　自改革开放以来,中国社会发展理念历经多次演进更迭,体现了一脉相承又与时俱进的逻辑进路,为不同历史阶段的发展实践提供了方向鲜明的理论与实践指引。新发展理念与以经济建设为中心、发展才是硬道理、可持续发展观、科学发展观等既一脉相承又与时俱进,既是对中国建设与改革经验的深刻总结,又是对国际社会实践经验与发展理论的合理借鉴,为当前乃至未来我国发展提供了重要的战略指导和理论指向。

　　习近平同志在浙江工作期间,着力于发展观对发展道路重要意义的理性思考和全面探索,深刻思考了浙江发展的现实问题、面临困境、发展目标、依靠动力、基本保障等一系列问题,形成了新发展理念的浙江思考、浙江意蕴和浙江探索。党的十八大以来,新发展理念由省域实践逐步上升拓展到治国理政的重要方略;2015 年,党的十八届五中全会在适应把握引领新常态的大逻辑下,提出创新、协调、绿色、开放、共享五大发展理念,强调以创新发展点燃发展动力,以协调发展治理区域失衡,以绿色发展和谐人与自然,以开放发展经略内外联动,以共享发展促进公平正义。《2019 年国务院政府工作报告》再次强调"发展是解决我国一切问题的基础和关键,必须牢牢扭住经济建设这个中心,毫不动摇坚持发展是硬道理、发展应该是科学发展和高质量发展的战略思想,不断解放和发展社会生产力"。发展和发展理念始终在我国建设中国特色社会主义进程中起到重大作用。

2003年，在总结浙江经济多年发展经验的基础上，时任浙江省委书记习近平在浙江省委第十一届四次全会上，全面系统地阐释了浙江发展的八个优势，提出了指向未来的八项举措——"八八战略"，这个着眼发展大格局、指引浙江改革发展和全面小康建设的宏图大略焕然而生。"八八战略"是新发展理念的浙江表达，历届浙江省委省政府一任接着一任干，一张蓝图绘到底，经济社会发展取得历史性成就。时至今日，浙江又提出"八八战略再深化，改革开放再出发"的主题，努力做到"干在实处、走在前列、勇立潮头"，谱写高质量发展的新篇章。

笔者对发展问题的关注源于"发展伦理与价值排序"的研究。"发展"与"价值排序"有着极为密切的联系，在社会发展实践中，不同发展时期会有与此阶段相适应的发展理念及其所认定的价值排序原则，比如经济优先的原则、尊重主体的原则、人与自然和谐共生的原则、公平正义的原则等。发展理念价值排序的原则不是一成不变的，而是会根据社会条件与发展需求的变化而变化。每一个发展阶段，一般都会有多种发展理念并存。而新发展理念对各种发展理论（主义）及其价值观念提出了挑战，要求对发展价值进行梳理、选择和排序，以适应和促进社会的转型和进步。在这一背景下，在延续以往研究的基础上，我开始关注和研究发展问题的价值排序问题及伦理分析。近年来，获得了国家社科基金重点项目"新发展理念的价值排序与中国实践研究"、"从城市史看特色小镇的发展逻辑"、浙江省"钱江人才"项目"中国特色社会主义的价值哲学基础研究"等研究项目的立项。此外，本书的部分章节内容以论文形式在《哲学研究》《哲学动态》《人民日报》《光明日报》《红旗文稿》《浙江社会科学》《思想理论教育》相关期刊发表,在此一并表示感谢。

　　本教材采用理论与现实、历史与逻辑、比较与案例相结合的方式写作。笔者的研究生团队在案例收集、文献整理、成稿校对等方面均付出了较大努力,他们是王长和、叶娟娟、郑大伟、李岩、王丽霞、韩伟、张登皓、金梦佳,感谢他们的辛勤付出。我相信他们也在本书的编写过程中收获良多。同时也感谢本教材的责任编辑曾熙,她认真细致、耐心负责,为教材最终成稿付梓奉献良多。另外,本书所选取的原始案例来自诸多报刊、网站等,如有遗漏标注出处的,在此表示歉意。

　　敬请各位读者批评指正。

张　彦
2020 年 5 月

图书在版编目(CIP)数据

发展观决定发展道路 / 张彦编著. — 杭州：浙江
大学出版社，2020.7
ISBN 978-7-308-20309-8

Ⅰ．①发… Ⅱ．①张… Ⅲ．①区域经济发展－浙江－
教材 Ⅳ．①F127.55

中国版本图书馆 CIP 数据核字(2020)第 107315 号

发展观决定发展道路

张　彦　编著

总 编 辑	袁亚春
策划编辑	黄娟琴
责任编辑	曾　熙
责任校对	杨利军　张　睿
封面设计	程　晨
出版发行	浙江大学出版社
	（杭州市天目山路 148 号　邮政编码 310007）
	（网址：http://www.zjupress.com）
排　　版	杭州朝曦图文设计有限公司
印　　刷	浙江印刷集团有限公司
开　　本	710mm×1000mm　1/16
印　　张	14
字　　数	157 千
版 印 次	2020 年 7 月第 1 版　2020 年 7 月第 1 次印刷
书　　号	ISBN 978-7-308-20309-8
定　　价	38.00 元

浙江大学出版社市场运营中心联系方式：0571-88925591；http://zjdxcbs.tmall.com